# STRAFRECHTLICHE ÜBUNGEN

Siebzig Rechtsfälle und
siebzig lehrmäßige Aufgaben

von

Professor Dr. h. c. Emil Niethammer
Reichsgerichtsrat a. D.

BERLIN 1948

WALTER DE GRUYTER & CO.
vorm. G. J. Göschen'sche Verlagshandlung / J. Guttentag, Verlagsbuchhandlung
Georg Reimer / Karl J. Tübner / Veit & Comp.

Archiv-Nr 23 26 48

Printed in Germany / Druck: Buchdruckerei „Buchkunst", Berlin W 35

# Inhalt

# Vorwort

Für strafrechtliche Übungen, die ich vom Jahr 1944 ab an der Universität Tübingen zuerst in engem Kreis, später bei starker Beteiligung hielt, verfaßte ich Rechtsfälle und lehrmäßige Aufgaben. Beide bewährten sich. Insbesondere regten die Rechtsfälle zu lebensnaher Betrachtung und eifrigem Bemühen um Verständnis an. Sie ergaben eine Fülle von Rechtsfragen aus dem allgemeinen und dem besonderen Teil des Strafgesetzbuchs. Und diese Fragen lagen oft nicht an der Oberfläche, sondern erschlossen sich nur dem, der sorgsam in den Stoff eindrang.

Die gute Wirkung mag auf den Weg zurückzuführen sein, den ich für die Gestaltung der Fälle einschlug. Ich verwendete zunächst wirkliche Lebensvorgänge, die mir aus der Rechtsprechung des Reichsgerichts in Erinnerung waren. Dann ging ich dazu über, gleichartige Fälle dichterisch zu schaffen. Doch stellte ich mir nicht etwa einen Rechtssatz oder mehrere Rechtssätze vor, um die Fälle in solche Schranken so einzupassen, daß sie auf die meiner Ansicht entsprechende Lösung zuführen sollten. Vielmehr verfuhr ich umgekehrt. Ich richtete meine Gedanken, ohne rechtliche Erwägungen einzuflechten, auf das, was Menschen, nach Herkunft, Anlage, Lebensalter und Beruf verschieden, im Kampf um wahre und falsche Werte, um Bedürfnisse und Genüsse unter dem Einfluß von Eigennutz und Hartherzigkeit, von Schwäche, Zwang und Not, aber auch von Demut und Geduld, von Güte, Barmherzigkeit und Nächstenliebe tun und leiden, wie sie andere böswillig kränken und angreifen oder lässig, gleichgültig und rücksichtslos verharren oder rechtschaffen, tapfer und treu standhalten. War so aus dem unerschöpflichen Reichtum des Lebens ein Bild, bald in hellem Licht, bald in verhüllendem Dunkel gezeichnet, so ward ich nachträglich dessen inne, daß der forschenden und wertenden Tätigkeit des Staatsanwalts und des Richters viel mehr aufgegeben war, als ich bei vorgefaßter Absicht auf ein bestimmtes rechtliches Ergebnis hätte erdenken können.

Schüler baten mich, ich möge das vor mir ausgearbeitete Rüstzeug für strafrechtliche Übungen allgemein zugänglich machen. Aus den Kreisen der Hochschullehrer wurde mir derselbe Wunsch entgegengebracht. Also entschloß ich mich zur Veröffentlichung. Der Verlag Walter de Gruyter und Co. in Berlin, mit dem mich freundschaftlich gehaltene geschäftliche Beziehungen seit vielen Jahren verbinden, ermöglichte die Herausgabe des kleinen Werkes. Hierfür danke ich herzlich. Wenn ich mit der Arbeit dazu beitragen darf, daß unsere deutsche Jugend das Recht aus dem Leben für das Leben erfaßt und als ein heiliges Gut in sich aufnimmt, wird mir der Erfolg zu Freude und Glück gereichen.

Tübingen, den 31. Oktober 1947

Emil Niethammer

# Einleitung

Den Rechtsfällen sind Lösungen nicht beigegeben. Die Brauchbarkeit von Rechtsfällen ist für Hausarbeiten aufgehoben und für Aufsichtsarbeiten beeinträchtigt, wenn die Teilnehmer an den Übungen sich in dem ihnen vorliegenden Buch darüber unterrichten können, wie die Rechtsfälle zu lösen sind. Dagegen mag es angebracht sein, den Gebrauch der dargebotenen Rechtsfälle dem Leiter der Übungen und den Teilnehmern durch einen gedrängten Hinweis auf die in den einzelnen Fällen aufgeworfenen Rechtsfragen zu erleichtern. Das geschieht hiermit zur Einleitung in die Rechtsfälle. Die Reihenfolge der Einleitung deckt sich mit der der Fälle. Doch bedeutet die Angabe einer strafrechtlichen Vorschrift oder eines strafrechtlichen Grundsatzes in der Einleitung nicht, daß die Vorschrift oder der Grundsatz anzuwenden, sondern nur, daß seine Anwendbarkeit zu erwägen sei, und zwar manchmal nur als eine entfernte Möglichkeit oder nur, damit der Übergang zur Anwendung einer anderen Vorschrift oder eines anderen Grundsatzes bereitet werde.

## A. Rechtsfälle

1.

Strafanwendungsrecht. Zeitliche und räumliche Geltung des deutschen Strafrechts. Beiseiteschaffen von Familienhabe. Erpressung.

2.

Strafrechtlicher Begriff der Handlung. Zweckloses Verhalten. Zweckerfülltes Verhalten mit bezwecktem Erfolg. Zweckerfülltes Verhalten mit nicht bezwecktem Erfolg. Vorsatz. Fahrlässigkeit. Mord. Fahrlässige Tötung.

3.

Strafbares Unterlassen. Begriff der Gemeingefahr. Pflicht zur Hilfe bei gemeiner Gefahr. Brandstiftung. Fahrlässige Branderregung.

4.

Strafbares Unterlassen. Beihilfe durch Unterlassen. Meineid. Sonderverbrechen.

5.

Strafbares Unterlassen. Sittliche oder rechtliche Pflicht zum Handeln. Mord. Kindstötung. Sonderverbrechen.

6.

Strafbares Unterlassen. Treuepflicht in Hausgemeinschaft. Fahrlässige Tötung.

7.

Ursächlicher Zusammenhang. Merkmale der Fahrlässigkeit. Fahrlässige Tötung.

8.

Ursächlicher Zusammenhang. Nachweis des ursächlichen Zusammenhangs. Gewißheit oder Wahrscheinlichkeit. Merkmale der Fahrlässigkeit. Fahrlässige Tötung.

9.

Ursächlicher Zusammenhang. Irrtum über den ursächlichen Verlauf. Totschlag. Fahrlässige Tötung. Nebentäterschaft.

10.

Tatbestandsmäßigkeit. Rechtswidrigkeit. Bewußtsein der Rechtswidrigkeit. Sachbeschädigung.

11.

Feste Altersgrenzen. Schwere Unzucht zwischen Männern. Unzucht mit Kindern.

12.

Verurteilung bei ungewissem Tathergang. Diebstahl. Entwendung aus Not. Sachbeschädigung. Strafbemessung.

13.

Notwehr. Verhältnismäßigkeit. Verletzung des Rechtsguts eines Dritten. Sachbeschädigung. Körperverletzung.

14.

Vorbereitung. Versuch. Entschluß zum Verbrechen. Anfang der Ausführung. Mord. Totschlag.

15.

Irrtum. Schuldausschließungsgrund. Bewußtsein der Rechtswidrigkeit. Unterschlagung.

16.

Nötigungsstand. Notstand. Erfordernis des Unverschuldetseins und der Unabwendbarkeit. Kuppelei.

17.

Strafantrag. Abhilfe bei unverschuldeter Versäumung der Antragsfrist. Beleidigung.

18.

Versuch. Untauglicher Versuch. Untauglicher Täter. Untauglicher Gegenstand. Untaugliches Mittel. Tätige Reue beim tauglichen und beim untauglichen Versuch. Abtreibung.

19.

Versuch. Teilnahme. Beihilfe. Rücktritt des Gehilfen vom Versuch. Schwerer Diebstahl. Gewerbsmäßigkeit.

20.

Versuch. Freiwilliger Rücktritt vom Versuch. Raub. Schwerer Raub. Räuberische Erpressung.

21.

Mittelbare Täterschaft. Straflose Nachtat. Diebstahl im Rückfall. Unterschlagung. Betrug.

22.

Erfolglose Anstiftung zu einer strafbaren Handlung. Unterschlagung. Untreue als Vergehen oder Verbrechen. Wirkung der Wiedergutmachung.

23.

Nötigungsstand. Notstand. Mittelbare Täterschaft. Mittäterschaft. Beihilfe. Brandstiftung.

24.

Notwendige Beteiligung. Anstiftung. Beihilfe. Bestechung. Bestechlichkeit. Hehlerei. Begünstigung. Begünstigung im Amt. Urkundenvernichtung im Amt. Falschbeurkundung im Amt. Betrug. Untreue.

25.

Versuch. Rücktritt vom Versuch. Anstiftung. Beihilfe. Mord. Vergiftung. Fahrlässige Körperverletzung. Antragserfordernis.

26.

Strafrechtliche Verantwortlichkeit Jugendlicher. Handlungspflicht aus Gemeinschaft. Fahrlässige Tötung. Fahrlässige Körperverletzung. Antragserfordernis. Folgen strafbarer Handlungen Jugendlicher.

27.

Strafbares Handeln für einen anderen. Übergesetzlicher Notstand. Strafbarkeitsbedingung. Unterschlagung. Untreue. Vollstreckungsvereitelung. Bankrott.

28.

Beihilfe. Notstand. Betrug. Übermäßige Gebührenerhebung. Sonderverbrechen.

29.

Versuch. Anstiftung. Schwerer Diebstahl. Hausfriedensbruch. Beleidigung. Antragserfordernis. Gesetzeseinheit. Tateinheit. Tatmehrheit.

30.

Strafrechtliche Verantwortlichkeit Jugendlicher und Geistesschwacher. Mittelbare Täterschaft. Irrtum. Vollstreckungsvereitelung. Versicherungsbetrug. Schwere Brandstiftung. Einfache Brandstiftung. Fahrlässige Branderregung. Rechtsfolgen strafbarer Handlungen Jugendlicher und Geistesschwacher. Maßregeln der Sicherung und Besserung.

31.

Beihilfe. Gemeinsame Beihilfe. Rechtfertigungsgrund. Bewußtsein der Rechtswidrigkeit. Diebstahl. Fortsetzungszusammenhang.

32.

Vorbereitungshandlung. Versuch. Verantwortlichkeit für eigene Schuld. Rückfall als strafschärfende Eigenschaft. Schwerer Diebstahl. Tateinheit. Tatmehrheit. Fortsetzungszusammenhang.

33.

Anstiftung. Beihilfe. Notstand. Irrtum. Bewußtsein der Rechtswidrigkeit. Bedingter Vorsatz. Fahrlässigkeit. Meineid. Fahrlässiger Falscheid. Sonderverbrechen.

34.

Bewußtsein der Rechtswidrigkeit. Notwehr. Beleidigung. Üble Nachrede. Verleumdung. Wahrnehmung eines berechtigten Anliegens. Urkundenfälschung. Antragserfordernis. Tateinheit. Tatmehrheit.

35.

Versuch. Notwehr. Nötigungsstand. Totschlag. Gefährliche Körperverletzung. Unterschlagung. Untreue.

36.

Ursächlicher Zusammenhang. Übergesetzlicher Notstand. Fahrlässigkeit. Fahrlässige Tötung. Geldstrafe statt Freiheitsstrafe. Gegenstand der Urteilsfindung. Tateinheit. Tatmehrheit.

37.

Versuch. Mittäterschaft. Beihilfe. Irrtum. Wegnahme einer Sache zum Nachteil eines Pfandgläubigers. Antragserfordernis.

38.

Ursächlicher Zusammenhang und Fahrlässigkeit im Strafrecht und im bürgerlichen Recht. Fahrlässige Körperverletzung. Antragserfordernis.

39.

Versuch. Rücktritt. Anstiftung. Nötigung zur Unzucht. Notzucht. Besonders schwere Folgen. Beleidigung. Körperverletzung. Sachbeschädigung. Antragserfordernis. Gesetzeseinheit. Tateinheit.

40.

Versuch. Tätige Reue. Anstiftung. Verantwortlichkeit für eigene Schuld. Schuldunfähigkeit. Schwere Brandstiftung. Strafe. Maßregel der Sicherung und Besserung.

41.

Ursächlicher Zusammenhang. Mittäterschaft. Anstiftung. Strafrechtliche Verantwortlichkeit Jugendlicher. Notstand. Irrtum. Ehebruch. Bedingung der Srafverfolgung. Mord. Totschlag. Irreführung einer Strafverfolgungsbehörde. Tateinheit. Tatmehrheit. Folgen der strafbaren Handlungen Jugendlicher.

42.

Züchtigungsrecht. Notwehr. Einwilligung. Genehmigung. Irrtum. Bewußtsein der Rechtswidrigkeit. Vorsätzliche, fahrlässige Körperverletzung. Tateinheit. Tatmehrheit. Fortsetzungszusammenhang.

43.

Verwahrungsbruch. Diebstahl. Unterschlagung im Amt. Unzucht mit Abhängigen. Verbreitung unzüchtiger Bilder. Beleidigung. Antragserfordernis. Tateinheit. Tatmehrheit. Fortsetzungszusammenhang.

44.

Strafrechtliche Verantwortlichkeit Jugendlicher. Verabredung eines Verbrechens. Strafbares Unterlassen. Übergesetzlicher Notstand. Bewußtsein der Rechtswidrigkeit. Unterschlagung. Betrug. Untreue. Begünstigung. Begünstigung im Amt. Beleidigung. Üble Nachrede. Verleumdung. Wahrnehmung eines berechtigten Anliegens. Antragserfordernis. Tateinheit. Tatmehrheit.

45.

Mittäterschaft. Beihilfe. Aufforderung zu einem Verbrechen. Verabredung eines Verbrechens. Ehebruch. Betrug. Üble Nachrede. Verleumdung. Falsche uneidliche Aussage. Personenstandsfälschung. Urkundenfälschung. Mittelbare Falschbeurkundung. Meineid. Sonderverbrechen. Antragserfordernis. Tateinheit. Tatmehrheit. Fortsetzungszusammenhang.

46.

Versuch. Notwehr. Notstand. Strafbares Handeln für einen anderen. Einwilligung. Genehmigung. Bewußtsein der Rechtswidrigkeit. Urkundenfälschung. Beleidigung. Erpressung. Bedrohung. Gefährliche Körperverletzung. Urkundenvernichtung im Amt. Sachbeschädigung. Antragserfordernis. Tateinheit. Tatmehrheit.

47.

Gewohnheitsverbrecher Rückfall. Ursächlicher Zusammenhang. Versuch. Beihilfe. Verabredung eines Verbrechens. Betrug. Urkundenfälschung. Ehebruch. Beleidigung. Notzucht. Erschwerende Todesfolge. Erschleichen eines außerehelichen Beischlafs. Personenstandsfälschung. Totschlag. Tötung auf Verlangen. Antragserfordernis. Sonstige Strafverfolgungsbedingung. Tateinheit. Tatmehrheit. Fortsetzungszusammenhang.

48.

Anstiftung. Beihilfe. Aufforderung zu einem Verbrechen. Versicherungsbetrug. Brandstiftung. Tateinheit. Tatmehrheit.

49.

Mittäterschaft. Beihilfe. Notstand. Wilde Ehe. Urkundenfälschung. Falsche Namensangabe. Totschlag. Kindstötung. Sonderverbrechen.

50.

Einwilligung. Genehmigung. Anstiftung. Aufforderung zu einem Verbrechen. Notstand. Bewußtsein der Rechtswidrigkeit. Unterschlagung. Betrug. Untreue. Hehlerei. Urkundenvernichtung. Selbstbegünstigung. Tateinheit. Tatmehrheit. Fortsetzungszusammenhang.

51.

Mittäterschaft. Mehrtäterschaft. Nebentäterschaft. Anstiftung. Einwilligung. Strafbares Unterlassen. Fahrlässige Körperverletzung. Fahrlässige Tötung. Antragserfordernis. Tateinheit. Tatmehrheit.

52.

Vorbereitung. Versuch. Strafbares Unterlassen. Notwendige Beteiligung. Mittäterschaft. Beihilfe. Bedingter Vorsatz. Wucher. Münzverbrechen. Begünstigung. Meineid. Hehlerei. Urkundenfälschung. Urkundenvernichtung. Gesetzeseinheit. Tateinheit. Tatmehrheit.

53.

Anstiftung. Aufforderung zu einem Verbrechen. Verabredung eines Verbrechens. Bedingter Vorsatz. Bewußtsein der Rechtswidrigkeit. Bettel. Landstreicherei. Münzbetrug. Abschieben falschen Geldes. Betrug. Urkundenfälschung. Gesetzeseinheit. Tateinheit. Tatmehrheit.

54.

Anstiftung. Aufforderung zu einem Verbrechen. Irrtum. Wilde Ehe. Mord. Totschlag. Strafbemessung.

55.

Vollendung. Versuch. Tätige Reue. Beamter. Urkundenfälschung. Amtsanmaßung. Mißbrauch eines Ausweises. Diebstahl. Betrug. Tateinheit. Tatmehrheit.

56.

Anstiftung. Beihilfe. Notstand. Wilderei. Hehlerei. Erpressung. Tateinheit. Tatmehrheit.

57.

Mittäterschaft. Mittelbare Täterschaft. Anstiftung. Beihilfe. Strafrechtliche Verantwortlichkeit Jugendlicher. Handeln auf Befehl. Wahrnehmung eines berechtigten Anliegens. Bewußtsein der Rechtswidrigkeit. Vertragsbruch. Betrug. Beleidigung. Erpressung. Hausfriedensbruch. Diebstahl. Antragserfordernis. Gesetzeseinheit. Tateinheit. Tatmehrheit. Fortsetzungszusammenhang.

58.

Versuch. Rücktritt vom Versuch. Bewußtsein der Rechtswidrigkeit. Anstiftung. Gewohnheitsverbrecher. Rückfall. Einstehen für eigene Schuld. Beleidigung. Gewaltsame Unzucht. Notzucht. Schwerer Diebstahl. Hausfriedensbruch. Gefährliche Körperverletzung. Freiheitsberaubung. Schwere Folge. Tateinheit. Tatmehrheit. Sichernde Maßregel.

59.

Gewohnheitsverbrecher. Rückfall. Vorbereitung. Versuch. Beihilfe. Versuchte Beihilfe. Verabredung eines Verbrechens. Überlassen von Diebeswerkzeug. Schwerer Diebstahl. Raub. Schwerer Raub. Tateinheit. Tatmehrheit. Strafbemessung. Sichernde Maßregel.

60.

Verabredung eines Verbrechens. Beihilfe. Strafrechtliche Verantwortlichkeit Jugendlicher. Ursächlicher Zusammenhang. Irrtum. Brandstiftung. Tateinheit. Tatmehrheit. Folgen der strafbaren Handlungen Jugendlicher.

61.

Strafbares Unterlassen. Verabredung eines Verbrechens. Mittäterschaft. Sonderverbrechen. Bewußtsein der Rechtswidrigkeit. Unterschlagung. Betrug. Hehlerei. Tateinheit. Tatmehrheit. Straflose Nachtat.

62.

Gewohnheitsverbrecher. Strafbares Unterlassen. Beihilfe. Vorsatz. Bewußtsein der Rechtswidrigkeit. Nichtanzeige eines drohenden Verbrechens. Mord. Totschlag. Kindstötung.

63.

Anstiftung. Abweichung der Tat des Täters von der Vorstellung und dem Willen des Anstifters. Diebstahl. Unterschlagung.

64.

Vorsatz. Irrtum. Diebstahl. Schwerer Diebstahl. Diebstahl gegen die Ehefrau. Strafverfolgungsbedingungen.

65.

Gewohnheitsverbrecher. Rückfall. Vorbereitung. Versuch. Verabredung eines Verbrechens. Beihilfe. Versuchte Beihilfe. Strafrechtliche Verantwortlichkeit Jugendlicher. Einstehen für eigene Schuld. Diebstahl. Schwerer Diebstahl. Nahrungs- oder Genußmittelentwendung. Sichernde Maßregel. Folgen der strafbaren Handlungen Jugendlicher.

66.

Versuch. Schuldunfähigkeit. Verminderte Verantwortlichkeit. Verabredung eines Verbrechens. Beihilfe. Notwehr. Raub. Schwerer Raub. Besonders schwerer Raub. Körperverletzung. Freiheitsberaubung, Rechtswidrigkeit. Strafbemessung. Sichernde Maßregel.

67.

Verabredung eines Verbrechens. Beihilfe. Irrtum. Bewußtsein der Rechtswidrigkeit. Schwerer Diebstahl. Diebstahl gegen den Sohn. Begünstigung. Hehlerische Begünstigung. Hehlerei. Irreführung einer Strafverfolgungsbehörde.

68.

Anstiftung. Vorsatz. Handeln wider besseres Wissen. Fahrlässigkeit. Ausstellung eines falschen Gesundheitszeugnisses. Betrug. Zuwiderhandlung auf dem Gebiet der Bewirtschaftung bezugsbeschränkter Erzeugnisse.

69.

Mittelbare Täterschaft. Vorsatz. Fahrlässigkeit. Notwehr. Bewußtsein der Rechtswidrigkeit. Falsche uneidliche Aussage. Falsche Anschuldigung. Irreführung einer Strafverfolgungsbehörde. Freiheitsberaubung. Erschwerte Freiheitsberaubung. Widerstand. Gewalttat mit einer Waffe. Beleidigung. Unschuldig erlittene Untersuchungshaft.

70.

Vorsatz. Bewußtsein der Rechtswidrigkeit. Gebrauchsanmaßung. Urkundenfälschung. Unterschlagung. Betrug. Tateinheit. Tatmehrheit. Straflose Nachtat.

# A. Rechtsfälle

1.

a) Ein Ehemann veräußerte, um seine Spielleidenschaft zu befriedigen, Ende Februar 1943, während seine Ehefrau sich bei ihren kranken Eltern in Basel aufhielt, die Einrichtung des Schlafzimmers der ehelichen Wohnung in Stuttgart bis auf ein Bett und einen Stuhl an einen Althändler. Als die Ehefrau Ende März 1943 aus Basel nach Stuttgart heimkehrte, hatte sie kein geordnetes Unterkommen.

Ist die Handlung des Ehemanns strafbar? Welches Gesetz ist zutreffendenfalls auf sie anzuwenden?

b) Ein Staatsangehöriger der Schweiz schrieb Ende Juni 1943 in Basel einen Brief folgenden Inhalts an seine Ehefrau, die zum Besuch ihrer kranken Eltern vorübergehend in Stuttgart weilte: „Wenn Du nicht binnen einer Woche nach Basel heimkehrst und wertvollen Schmuck von Deinen Eltern mitbringst, werde ich dem Polizeipräsidium Stuttgart anzeigen daß Deine Eltern sich mündlich und schriftlich verächtlich und gehässig über ihre gegenwärtige Regierung ausgesprochen haben." Der Brief erreichte die Frau nach drei Tagen in Stuttgart: Sie teilte den Inhalt den Eltern mit. Die Angst vor der Drohung des Mannes bewog die Eltern, ihrer Tochter wertvolle Stücke aus dem Familienschmuck auszuhändigen, und die Tochter, dem Verlangen ihres Mannes durchaus nachzukommen.

Gilt das deutsche Strafrecht für die Tat des Staatsangehörigen der Schweiz?

2.

a) Ein Knecht, der ein Bein gebrochen hatte, wurde zum Arzt gebracht. Dieser betäubte ihn durch eine Einspritzung. Im bewußtlosen Zustand stieß der Knecht Laute und Worte aus, die teils sinnlos waren, teils als unflätige Beschimpfung des Ortsvorstehers ausgelegt werden konnten. Auch schlug er mit den Armen um sich. Ein Schlag traf den Arzt so ins Gesicht, daß er einige Tage lang in der Ausübung seines Berufs behindert war.

b) Eine Bauernfau war ihres Ehemannes überdrüssig geworden. Um ihm den Tod zu bereiten, kochte sie eine Wurzel des Eisenhuts ab und gab den Absud dem Mann zu trinken. Der Mann trank und starb nach einer Stunde unter qualvollen Schmerzen.

c) Der Führer eines Personenkraftwagens wollte eine weit entfernte Bahnstation rechtzeitig zur Abfahrt eines Bahnzugs erreichen. Deshalb fuhr er durch ein eng und winkelig gebautes Dorf mit mehr als sechzig Kilometer Geschwindigkeit in der Stunde. Ein Kind sprang von einer Nebengasse in die Fahrbahn, wurde vom Wagen erfaßt und getötet.

Worin besteht — von den Grundlagen des Strafrechts aus betrachtet — der wesentliche Unterschied zwischen dem, was seitens des Knechts, der Bauernfrau und des Kraftwagenführers geschehen ist?

3.

a) Ein Landstreicher bettelte in einem Dorf. Die Bauern und Bäuerinnen wiesen ihn grob ab. Er verließ den Ort, hungrig, zornig und fluchend. Als er am Dorfrand angelangt war, sah er, daß Funken aus einer vorüberfahrenden Maschine auf einen Strohhaufen an einer Scheuer gefallen waren und sich dort in mehr als Handbreite eingefressen hatten. Er erkannte die Gefahr eines Brandes Ein Fußtritt hätte genügt, das glimmende Stroh zu zertreten. Hätte der Landstreicher so gehandelt, so hätte er keinen Schaden erlitten und keine Gefahr auf sich geladen. Er dachte aber in seinem Zorn: „Mag das nur weiter brennen. Das ganze Dorf soll in Flammen stehen. Das geschieht den Geizhälsen gerade recht.“ Also ging er untätig weiter. Die Flammen breiteten sich aus, ergriffen die Scheuer und sprangen von da auf andere unbewohnte und bewohnte Gebäude über. Ein Teil des Dorfes brannte nieder.

b) Ein Gemeindediener nahm auf einem eiligen Dienstgang durch das Dorf wahr, daß zwei Kinder im Alter von drei und vier Jahren in einer Scheuer mit einer brennenden Kerze spielten, die sie der Stallaterne entnommen hatten. Daß Brandgefahr vorlag, kam ihm zum Bewußtsein. „Um alles kann ich mich nicht kümmern“, dachte er, „und wenn ich die Kinder dieser Frau zurechtweise, habe ich nur Ärger, denn sie ist böse und zänkisch.“ Demgemäß setzte er seinen Gang fort, ohne einzugreifen. Durch das Spiel der Kinder mit der Kerze entstand Feuer im Gebäude. Die Kinder kamen in den Flammen um.

Hat der Landstreicher, hat der Gemeindediener eine strafbare Handlung begangen?

Wenn dies der Fall ist, gegen welches Gesetz hat der eine oder der andere verstoßen?

4.

Ein Kaufmann hatte mit einer Angestellten wiederholt Ehebruch begangen, sie aber dann aus seinem Dienst entlassen. Die Ehefrau des Kaufmanns erlangte Kenntnis von der Eheverfehlung ihres Mannes. Sie erhob Klage auf Scheidung der Ehe und stützte sie auf den Ehebruch. Im Rechtsstreit bestritt der Beklagte den Ehebruch bewußt der Wahrheit zuwider. Daraufhin berief sich die Klägerin auf das Zeugnis jener Angestellten. Der Beklagte verständigte sich mit dieser weder mündlich noch schriftlich. Vor dem mit der Vernehmung der Zeugin beauftragten Richter erklärte sich die Angestellte zum Zeugnis bereit. Sie gab bewußt wahrheitswidrig an, daß der Beklagte zwar mehrmals zudringlich gegen sie geworden sei, den Beischlaf aber nicht mit ihr vollzogen habe. Der Richter ermahnte die Zeugin zur Angabe der Wahrheit, belehrte sie über die Folgen eines Meineids und beeidigte sie. Der bei der Vernehmung anwesende Kaufmann ließ dies schweigend geschehen.

Kann er für den von seiner ehemaligen Angestellten begangenen Meineid strafrechtlich verantwortlich gemacht werden? Wie ist — wenn dies zutrifft — der Schuldspruch zu fassen und zu begründen?

## 5.

Ein unverheirateter Mann in guter Stellung und mit ausreichendem Einkommen unterhielt ein Verhältnis mit einem vermögenslosen Mädchen aus achtbarer Familie. Das Mädchen wurde von ihm geschwängert. Er wies ihre flehentlichen Bitten, sie zu heiraten, ab, weil ihm der Abschluß einer Ehe mit einer reichen Bürgerstochter in Aussicht stand. Als die Niederkunft der Geschwängerten nahe heranrückte, geriet sie in Verzweiflung. Die Furcht vor dem Kummer, den sie ihren Eltern bereiten, und vor der Schande, die sie auf sich laden würde, ließ den Entschluß in ihr reifen, die Schwangerschaft zu verbergen und das Kind zu töten, sobald es lebend zur Welt komme. Sie offenbarte dem Schwängerer alles, was sie bewegte und was sie vorhatte. Er beharrte auf seiner ablehnenden Stellungnahme, bestärkte sie zwar nicht in ihrem verbrecherischen Entschluß, gab ihr auch keinen Rat für die Ausführung der Tat, tat andererseits aber auch nichts, um sie zu trösten und von ihrem Vorhaben abzuhalten oder dieses zu vereiteln. Sein Verhalten beruhte darauf, daß er den Tod des von ihm erzeugten Kindes durch die Tat der verzweifelten Mutter wollte, damit er keinem Unterhaltsanspruch genügen müsse und die für ihn verlockende Aussicht auf Verehelichung mit dem anderen Mädchen bewahre. Diejenige, die er im Stich gelassen hatte, erwürgte ihr lebensfähig geborenes Kind gleich nach der Geburt.

Ist das Verhalten des selbstsüchtigen Mannes strafrechtlich bedeutungslos? Wenn nicht, auf Grund welchen Strafgesetzes kann er verantwortlich gemacht werden?

## 6.

Ein Unterbeamter, dessen Diensteinkommen für den Unterhalt seiner aus der Ehefrau und fünf Kindern bestehenden Familie genügte, aber Ersparnisse nicht ermöglichte, hatte eine Magd, die jahrzehntelang bei seinen Eltern und hernach bei ihm bedienstet gewesen war, in seinem Hauswesen belassen. Sie erhielt keinen Lohn, wurde aber in der Familie unterhalten und leistete dagegen häusliche Dienste. Als die Magd mehr als fünfundsechzig Jahre alt geworden war, schwand ihre Arbeitskraft. Sie wurde kränklich, bettlägerig und pflegebedürftig. Unter dem Einfluß seiner geizigen und hartherzigen Ehefrau gewährte der Haushaltsvorstand der alten Magd nicht die Pflege und Ernährung, die erforderlich gewesen wären, um ihren Zustand zu bessern und ihr Leben länger zu erhalten. Er nahm zunächst auch weder den Rat eines Arztes noch die kostenlose Hilfe der Gemeindeschwester für die Leidende in Anspruch. Erst als er erkannte, daß mit dem nahen Tod der Alten zu rechnen war, rief er einen Arzt ins Haus. Dieser untersuchte die Magd und gab folgendes — zutreffendes — Urteil ab: „Wenn Sie nur ein wenig mehr für die Alte getan, ihr ab und zu eine kräftige Suppe gereicht, ihre Wäsche und Lagerstätte reinlicher gehalten oder mich oder die Gemeindeschwester schon vor vier Wochen zugezogen hätten, dann wäre noch zu helfen gewesen. Dann hätte das Leben der Alten noch mindestens ein halbes Jahr dauern können. Jetzt aber ist es zu spät. Die Alte ist durch Vernachlässigung in der Pflege und Ernährung zu weit herabgekommen, zu schwach geworden. In wenigen Tagen wird der Tod sie wegnehmen." Zwei Tage danach starb die alte Magd.

Wie ist das Verhalten des Beamten und seiner Ehefrau rechtlich zu beurteilen?

7.

Ein Forstwart besuchte abends nach dem Dienst eine Schankwirtschaft. In der Wirtsstube war nur die fünfzehn Jahre alte Tochter des Wirts anwesend. Der Forstwart hängte sein geladenes und gesichertes Gewehr an einen Kleiderhaken, setzte sich so, daß er das Gewehr im Auge hatte, und ließ sich Speise und Trank geben. Nach kurzer Zeit fuhr der Forstmeister in seinem Kraftwagen vor dem Wirtshaus an. Er rief den Forstwart heraus, richtete eine dienstliche Frage an ihn und forderte ihn dann auf, zur Aufklärung im Schlag mit ihm in den nahen Wald zu fahren. Der Forstwart sagte, er wolle noch sein Gewehr aus der Wirtsstube holen. Der Forstmeister erwiderte: „Lassen Sie das nur. Wir sind in wenigen Minuten zurück." Also fuhr der Forstwart mit dem Forstmeister in den Wald, während das Gewehr in der Stube zurückblieb. In der Abwesenheit der beiden Männer nahm die Wirtstochter das Gewehr vom Haken, machte sich am Schloß zu schaffen, entsicherte das Gewehr, ohne dies zu wissen und zu wollen, und verbrachte es dann wieder dahin, wo der Forstwart es aufgehängt hatte. Vor

Ablauf einer Viertelstunde kehrte dieser in die Wirtsstube zurück. Als er gegessen und getrunken hatte, machte er sich auf den Weg durch den Wald nach dem Forsthaus. Unterwegs beobachtete er ein ihm bekanntes altes Weib, die „Kräuterlene". Er hatte sie im Verdacht, daß sie beim Kräutersuchen zugleich im Dienst ihres wildernden Sohnes Wildwechsel aufspüre. Tatsächlich war die Alte an diesem Abend nur widerwillig auf Geheiß des Sohnes zu dem vom Forstwart vermuteten Zweck in den Wald gegangen. Um sie einmal gründlich abzuschrecken, rief der Forstwart die „Kräuterlene" an. Er richtete das Gewehr, im Glauben daran, daß es gesichert sei, auf sie und gebot ihr, stillzustehen. Der Schuß löste sich aus dem entsicherten Gewehr und traf die Alte tödlich.

Wer hat ihren Tod verursacht? der Forstwart? der Forstmeister? die Wirtstochter? der Wilderer? Wem ist der Tod zur Schuld vorzuwerfen?

8.

Eine Krankenschwester wurde von dem Arzt, bei dem sie schon seit Jahren tätig war, angewiesen, die Spritze zur Einspritzung eines Betäubungsmittels für den Eingriff zu füllen, den der Arzt an einem Bruchleidenden vornehmen wollte. Sie hatte das Geschäft schon oft verrichtet und war mit allem Erforderlichen vertraut, gab aber dem betäubenden Stoff versehentlich — sie war damals müde und abgespannt — statt der vorgeschriebenen die doppelte Stärke. Der Arzt brachte das Mittel dem Kranken bei. Dieser verfiel in Bewußtlosigkeit. Während der Arzt dann den Eingriff ausführte, stand das Herz des Kranken still. Es gelang nicht, sein Leben wieder zu erwecken.

In der gerichtlichen Untersuchung erstattete der Sachverständige ein Gutachten des Inhalts, daß der Kranke nach ärztlicher Erfahrung den Eingriff lebend überstanden hätte, wenn ihm das Betäubungsmittel nur in der vorgeschriebenen Stärke eingespritzt worden wäre.

Welche strafrechtlichen und strafverfahrensrechtlichen Grundsätze sind für die Beurteilung des Verhaltens der Krankenschwester maßgebend?

9.

Ein Bauernbursche versetzte seinem Nebenbuhler um die Gunst einer Bauerntochter bei einem nächtlichen Zusammenstoß mit dem Willen, ihn zu töten, einen gegen die Brust gerichteten Messerstich. Der Angegriffene wich rechtzeitig aus. Der Stich traf nur den Oberarm und verwundete ihn leicht, so daß weder das Leben des Verletzten ernstlich gefährdet noch ein bleibender körperlicher Schaden zu befürchten war. Der Ortsbader verband die Wunde und verunreinigte sie durch groben Verstoß gegen die Pflicht zur

Sorgfalt, die ihm in Ausübung seines Berufs oblag und möglich war. Demzufolge trat Blutvergiftung ein. Der Verletzte wurde in das Kreiskrankenhaus eingeliefert, konnte aber von den Ärzten nicht mehr gerettet werden. Er starb am zehnten Tag nach der Verwundung.

Erhebt der Staatsanwalt Klage gegen den Messerstecher oder gegen den nachlässigen Bader oder gegen beide? Wie faßt er den Anklagesatz? Wie stellt er das Ergebnis der Ermittlungen in der Anklageschrift dar?

10.

Ein städtischer Arbeiter streute bei Glatteis so, wie ihm dies aufgetragen war, Sand, den er vom aufgeschichteten Haufen schaufelte, auf Fahrbahn und Gehweg. „Was machen Sie denn?", rief ihm ein Vorübergehender zu. „Indem Sie den Sandhaufen solchermaßen abtragen und den Sand zerstreuen, beschädigen Sie eine der Stadtgemeinde gehörige Sache. Sie tun dies vorsätzlich. Ob Sie rechtswidrig handeln, mag noch zu erörtern sein." Der Arbeiter setzte seine Arbeit schweigend fort. Er dachte: „Der leidet wohl an Verfolgungswahn. Er will das geradebiegen, was gar nicht krumm ist."

Wer hat recht?

11.

a) Ein zwanzig Jahre und zehn Monate alter, der widernatürlichen Unzucht seit langem ergebener Mann, der durch sein lasterhaftes Treiben schon viele Jugendliche schwer geschädigt hatte, verführte einen sechzehn Jahre alten Mann, mit ihm Unzucht zu treiben. Der Mißbrauchte war nicht von ihm abhängig. Gewerbsmäßigkeit lag nicht vor.

b) Ein neunzehn Jahre alter Mann nahm eine unzüchtige Handlung mit der vierzehn Jahre und zwei Monate alten Tochter seines Nachbarn vor. Er kannte das Alter der Mißbrauchten und wußte aus dem täglichen Umgang mit ihr, daß ihre körperliche Entwicklung und ihre Willenskraft auf der Stufe zurückgeblieben waren, auf der ein Mädchen regelmäßiger Beschaffenheit im dreizehnten Lebensjahr steht.

Ist es rechtlich möglich, einen der beiden Täter oder beide auf Grund einer Vorschrift, die Zuchthaus androht, zur Verantwortung zu ziehen?

12.

Ein Ziegeleiarbeiter war angeklagt, den Sonntagsanzug eines Arbeits- und Schlafkameraden aus dem unverschlossenen Schrank der gemeinsamen Schlafkammer gestohlen zu haben. In der Hauptverhandlung wurde durch einwandfreies Zeugnis erwiesen, daß er den Anzug frühmorgens, als er sich unbeobachtet wähnte, aus dem

Schrank genommen und aus der Kammer getragen hatte. Das räumte der Angeklagte denn auch ein. Dagegen blieb ungeklärt, ob er in der Absicht gehandelt hatte, den Anzug so, als ob er ihm gehören würde, zu tragen, wenn er demnächst die Arbeitsstelle und den Aufenthaltsort wechsle, oder ob er von vornherein nur darauf ausgegangen war, dem mit ihm verfeindeten Kameraden Schaden zuzufügen, und ob er demgemäß den Anzug alsbald in den brennenden Ziegeleiofen geworfen hatte. Das eine war ebenso wahrscheinlich wie das andere. Eine dritte Möglichkeit kam nicht in Frage. Traf das erstere zu, so konnte eine gewisse Notlage zugunsten des Täters sprechen. Im anderen Fall wirkte die bösartige Gesinnung erschwerend.

Welches Urteil erläßt der Richter? Auf welche Gründe stützt er seine Entscheidung?

13.

a) Ein Bauer, der mit einer Flinte nach Sperlingen schoß, sah, daß ein wertvolles fremdes Rind, das zur Tränke an den Brunnen getrieben war, dort übermütige Sprünge machte und dadurch den Tonkrug gefährdete, den er am Brunnenrand aufgestellt hatte. Um seinen Krug zu retten, erschoß er das Rind.

b) Ein Bankbeamter gab, als Bankräuber in einem gemieteten Kraftwagen vor dem Bankgebäude vorfuhren und dort eindringen wollten, Schüsse auf den Wagen und die Insassen ab. Die Schüsse trafen keinen Menschen, beschädigten aber den einem Unbeteiligten gehörigen Wagen.

c) Der Bewohner eines Siedlungshauses, der von seinem ihm an Kraft weit überlegenen Nachbarn bei Dunkelheit angefallen und mißhandelt wurde, wehrte sich, indem er mit seinem derben Stock auf den Gegner einschlug. Ein Schlag traf diesen, ein anderer — gegen den Willen des Angeklagten — die Ehefrau des Nachbarn, die herbeigeeilt war und ihren Mann umklammert hatte, um ihn wegzureißen.

Wie ist die Tat des Bauern, wie die des Bankbeamten, wie die des angefallenen Siedlers rechtlich zu würdigen?

14.

Ein Witwer, der sich und seine drei Kinder im Alter zwischen vier und acht Jahren mühsam durchs Leben brachte, wurde von einem hartherzigen Gläubiger bedrängt. Er wandte sich mit der Bitte um ein Darlehen schriftlich an einen auswärts wohnenden Freund. Als er längere Zeit keine Antwort erhielt und der Tag heranrückte, an dem die bei ihm gepfändeten Sachen versteigert werden sollten, beschloß er, mit seinen Kindern in den Tod zu gehen, wenn ihm nicht die erbetene Hilfe noch im letzten Augenblick zuteil werden sollte. Er beschaffte einen Schlauch, paßte ihn an einen Hahn des Gasherdes an und bohrte eine Öffnung am unteren Rand der nach dem Schlafzimmer führenden Türe, um so Leuchtgas dorthin einströmen zu lassen. Am Abend vor der für die Ausführung der Tat vorgesehenen Nacht brachte ihm der Freund die erbetenen Zahlungsmittel. Daraufhin stand der Witwer von dem Vorhaben ab.

Wie bewertet der Richter den Vorgang im Inneren des Witwers? Wie urteilt er über das äußere Geschehen?

15.

Ein Handlungsgehilfe kaufte ein kaufmännisches Nachschlagewerk gegen Abzahlung. Der Verkäufer behielt sich das Eigentum an dem Werk insolange vor, bis der Kaufpreis ganz bereinigt sei. Als drei Jahre seit dem Abschluß des Kaufs und der Übergabe des Werks verstrichen waren und der Käufer neun Zehntel des Kaufpreises entrichtet hatte, verschenkte er das Werk an einen Freund.

Welchen Inhalt kann und muß ein Irrtum des Handlungsgehilfen über die tatsächliche oder die rechtliche Lage haben, um den zu seiner Verfolgung wegen Unterschlagung erforderlichen Schuldvorwurf auszuschließen?

16.

Eine Witwe hatte eine fünfundzwanzig Jahre alte, unverheiratete Tochter in ihre Wohnung aufgenommen. Die Tochter ließ ihren Liebhaber bei Nacht in ihr Schlafgemach ein. Als sich das wiederholte, verbot die Witwe ihrer Tochter den geschlechtlichen Verkehr mit dem Liebhaber in der Wohnung. „Sie wollte nicht in einen schlechten Ruf kommen und Gefahr laufen, wegen Kuppelei verfolgt zu werden." Die Tochter antwortete: „Wenn Du nicht duldest, daß ich mit meinem Freund in meiner Kammer schlafe, so nehme ich mir das Leben." Die Witwe sah die Drohung als ernstgemeint an und gab nach. Rechtfertigt oder entschuldigt die von der Tochter ausgesprochene Drohung das Verhalten der Witwe, sofern dieses die Merkmale der Kuppelei aufweist?

17.

Eine Frau wurde von einem ihr bekannten Mann durch eine unsittliche Zumutung und Zudringlichkeit wörtlich und tätlich beleidigt. Zwei Tage nach diesem Vorfall erlitt sie bei einem Verkehrsunfall einen Schädelbruch. Sie wurde in ein Krankenhaus gebracht, war mehrere Tage bewußtlos, schwebte mehrere Wochen in Lebensgefahr und mußte mehrere Monate lang vor jeder Aufregung und geistigen Anstrengung sorgsam behütet werden. Als sie genügend wiederhergestellt war, um über die ihr widerfahrene

Kränkung nachzudenken und die Verfolgung des Täters zu beantragen, waren mehr als drei Monate seit der Tat abgelaufen.

Hat die beleidigte Frau die Antragsfrist versäumt? Kann ihr ein Weg zur nachträglichen Stellung des Strafantrags eröffnet werden?

18.

a) Eine Schwangere wollte, um die Schande und Last einer unehelichen Geburt nicht tragen zu müssen, ihre Leibesfrucht abtöten. Sie nahm Blätter des Sevenbaums, die abtreibend wirken können, in reichlicher Menge ein. Wenige Minuten, nachdem sie das getan und bevor jemand Kenntnis von ihrer Tat erlangt hatte, schlug ihr das Gewissen. Sie entschloß sich, das Kind auszutragen, zur Welt zu bringen und aufzuziehen. Also gebrauchte sie ein starkes Brechmittel. Die beabsichtigte Wirkung trat ein. Sie erbrach den schädlichen Stoff. Ihre Leibesfrucht blieb am Leben.

b) Eine Frau, die glaubte, schwanger zu sein, aber nicht schwanger war, nahm, damit sie die in ihr vermeintlich lebende Leibesfrucht töte, ein Mittel ein, das nach ihrer Meinung abtreibend wirken konnte, aber dazu nicht taugte. Bald nachdem sie dies getan hatte, und als ihr Unternehmen noch nicht entdeckt war, wurde sie von Reue ergriffen. Durch den Gebrauch eines starken Brechmittels schied sie den vermeintlich schädlichen Stoff aus.

Kommt der Schwangeren oder der vermeintlich Schwangeren die Gunst der Straffreiheit zu? Welche Gründe können bei der einen oder der anderen für oder wider die Straffreiheit geltend gemacht werden?

19.

Ein bisher unbestrafter junger Bursche ließ sich von einem gewerbsmäßig handelnden Dieb überreden, Aufpasserdienst bei einem Einbruch zu leisten, den der Dieb im Geschäftsraum eines Uhrenmachers ausführte. Während der Dieb in dem Gebäude tätig war, bereute der Bursche seine Teilnahme. „Ich will da nicht länger mitmachen. Ich will ehrlich bleiben“, sagte er sich und lief weg.

Hat er durch sein Verhalten Straffreiheit erworben? Wenn nicht, auf Grund welchen Gesetzes muß er zur Rechenschaft gezogen werden?

20.

Ein Räuber überfiel einen Fremden auf einem einsamen Waldweg, hielt ihm die geladene Pistole vor die Brust und verlangte Geld und Uhr. Der Fremde entgegnete, daß er keine Uhr und im Geldbeutel nur zwei Mark und zwanzig Pfennige bei sich trage. Beides wies er vor. Daraufhin ließ der Räuber von ihm ab, weil ihm „mit einem solchen Bettel nicht gedient sei“.

Liegt hierin freiwilliger Rücktritt vom versuchten Raub?

21.

Ein arbeitsscheuer Mensch, der vor wenigen Monaten nach Verbüßung einer Strafe wegen Diebstahls im Rückfall aus dem Zuchthaus entlassen worden war, saß an einem Winterabend, auf Diebstahl sinnend, in einem dicht gefüllten Wirtschaftszimmer. Er beobachtete die Gäste, wie sie eintraten, Mäntel und Hüte ablegten und den Raum teils vorübergehend, teils bleibend verließen. Dabei bemerkte er, daß ein Gast seinen pelzgefütterten Mantel an einem Haken an der Wand hinter einem mit anderen Gästen besetzten Tisch aufhängte, selbst abseits in der Mitte des Zimmers Platz nahm und dort in ein Kartenspiel vertieft war. Zur günstigen Zeit trat er an den Tisch der anderen Gäste und bat höflich: „Hinter Ihnen hängt mein Mantel, der mit dem hellen Pelz. Sind Sie so freundlich, ihn mir herauszureichen?" Der Angeredete erwiderte: „Gerne", nahm den Mantel vom Haken und gab ihn dem Bittenden. Dieser zog den Mantel an, entfernte sich aus der Wirtschaft und verkaufte den Mantel andern Tags zu dem im Althandel angemessenen Preis von 450 RM an einen gutgläubigen Althändler.

Wird der Richter den geübten Verbrecher, obwohl dieser das dem Diebstahl wesentliche Tatbestandsmerkmal der Wegnahme aus fremdem Gewahrsam nicht selbst erfüllt hat, doch des Diebstahls oder wird er ihn der Unterschlagung oder des Betrugs schuldig sprechen? Wie wird er den Urteilsspruch fassen und das Urteil begründen?

22.

Ein von Gläubigern bedrängter Handwerker wandte sich mit der Bitte um Aushilfe an einen Geschäftsmann, der Darlehen gewährte und vermittelte. Dieser erwiderte ihm: „Ich kann Ihnen kein Darlehen verschaffen. Sie verwalten, soviel ich weiß, als Vormund ein beträchtliches Mündelvermögen. Helfen Sie sich damit, daß Sie auf dieses Vermögen zugreifen! Sie können ja die verbrauchten Gelder zurückerstatten, wenn Sie die gegenwärtige Notlage überwunden haben." Der Handwerker folgte der Aufforderung nicht.

Ist die Äußerung des Geschäftsmanns strafbar? Auf welche Vorschrift kann ihre Strafbarkeit zutreffendenfalls gegründet werden?

23.

Ein gewalttätiger Bauer, der seine Ehefrau oft roh mißhandelt und lebensgefährlich bedroht hatte, forderte sie auf, das zum Gesamtgut gehörige Wohn- und Wirtschaftsgebäude in Brand zu setzen, während er in geschäftlicher Angelegenheit für zwei Tage verreist sei. „Wenn das Haus bei meiner Rückkehr nicht in Asche liegt, bringe ich Dich um, darauf kannst Du Dich bestimmt verlassen", schärfte er ihr beim Weggang nochmals ein. Die Frau glaubte an die Ernstlichkeit der Drohung. In ihrer Not suchte sie Rat und Hilfe bei einer alten Magd, die mit den Eheleuten nicht verwandt war, aber schon seit Jahrzehnten auf dem Hof diente und die Frau von deren Kindheit ab betreut hatte. Die Magd antwortete, der Frau bleibe kein anderer Ausweg, sie müsse das Verlangen des Mannes erfüllen. In der zweiten Nacht nach der Abreise des Bauern schichteten die Frau und die Magd in gemeinschaftlicher Arbeit Stroh und Reisig auf dem Dachboden des bewohnten Teils des Gebäudes auf, gossen Erdöl darüber und zündeten den Haufen an. Als die Flammen sich den unteren Stockwerken näherten, retteten sie einen Teil der Habe, insbesondere das Vieh aus den Ställen. Das Gebäude brannte nieder.

Wie ist das Verhalten des Bauern, der Frau und der Magd rechtlich zu würdigen?

24.

a) Ein Gerichtswachtmeister hatte zwei Untersuchungsgefangene im Gerichtsgefängnis zu verwahren und zu verpflegen, einen Bauernburschen, dem Körperverletzung mit nachgefolgtem Tod, und einen Kaufmann, dem Bankrott zur Last gelegt war. Er war freundlich mit den Gefangenen und verpflegte sie, wie es sich gehörte. Alles, was er für die Gefangenen tat, war pflichtgemäß. Der Bauernbursche wurde unter der Annahme, daß er in Notwehr gehandelt habe, außer Verfolgung gesetzt und freigelassen. Als er sich vom Wachtmeister verabschiedete, sagte dieser zu ihm: „Sie sind gut weggekommen, haben es auch gut bei mir gehabt. Für einen Mann in meiner Stellung mit vielen Kindern ist das Leben nicht leicht. Ihr Vater aber hat einen großen Hof, dem würde es nichts ausmachen, wenn er einmal etwas Rechtes zu meinem kleinen Haushalt beisteuerte." Daraufhin brachte der Bauer dem Wachtmeister am nächsten Markttag eine geschlachtete Gans. Der Wachtmeister verzehrte sie in seiner Familie. Der Kaufmann blieb indes in Haft. Seine Frau, die ihren Mann ab und zu besuchte, überreichte dem Wachtmeister nach einiger Zeit einen Hundertmarkschein mit den Worten: „Mir liegt viel daran, daß mein Mann so wie bisher gut versorgt wird, damit er nicht von Kräften komme. Ich habe Vermögen. Sie werden einen Zuschuß zu Ihrem Diensteinkommen wohl brauchen können." Der Beamte ließ sich dadurch zur Annahme des Geschenks bewegen.

b) Ein Zigarrenhändler hatte Waren an Kunden geraume Zeit nach der für den Geschäftsschluß polizeilich vorgeschriebenen Stunde verkauft. Ein Polizeiwachtmeister kam dazu und betrat den Laden, worauf die Kunden weggingen. Der Händler mußte die Übertretung zugestehen. Der Wachtmeister machte die vorgeschriebenen Einträge in sein Anzeigebuch und beantwortete eine Frage des Händlers dahin, daß dieser diesmal, da die dritte Anzeige gegen ihn vorliege, nicht nur eine Geldstrafe, sondern auch eine wenigstens vorübergehende Untersagung des Betriebs zu erwarten habe. Dann schickte er sich an zu gehen. Unter der Türe wandte er sich nochmals um und sagte: „Ich will es mir überlegen, ob ich nicht die Anzeige unterlassen kann. Aber Sie müssen mir dann auch entgegenkommen. Das Rauchen ist nun einmal meine Leidenschaft. Geben Sie mir eine Kiste guter Zigarren! Dann ist die Sache erledigt." Der Händler entsprach der Aufforderung. Der Wachtmeister entfernte sich, beseitigte das Blatt, das jenen Eintrag enthielt, aus dem Anzeigebuch und erstattete keine Anzeige.

c) Ein Steuerinspektor fand, als er die Bücher und Schriften eines Uhrmachers im Auftrag des Finanzamts prüfte, eine Aufzeichnung, die den Beweis für eine Steuerzuwiderhandlung lieferte. Er besprach die Sache mit dem Uhrmacher. Dieser räumte die Verfehlung ein. Der Beamte schrieb auf, was er ermittelt hatte, und ging weg. Am Abend desselben Tages schickte der Uhrmacher ein Kind mit einem Päckchen in die Wohnung des Steuerinspektors. Im Päckchen lagen eine Uhr und ein Brief folgenden Inhalts: „Ich will den Zwischenfall, der sich bei Ihrer heutigen Anwesenheit in meinem Geschäft ergeben hat, aus der Welt schaffen. Die Uhr, die ich Ihnen hiermit zukommen lasse, ist ein gutes Schweizer Werk. Nehmen Sie sie als Zeichen meiner Erkenntlichkeit an! Wenn das Kind leer zurückkommt, verlasse ich mich darauf, daß nichts Weiteres nachfolgt. Wir müssen eben beide schweigen können." Der Brief wirkte. Das Kind kam leer zurück. Der Steuerinspektor überging die belastende Aufzeichnung in seinem Bericht an das Finanzamt über das Ergebnis der Bücherprüfung.

Haben der Gerichtswachtmeister, der Bauer, die Kaufmannsfrau, der Zigarrenhändler, der Polizeiwachtmeister, der Steuerinspektor oder der Uhrmacher strafbar gehandelt? Die Merkmale welcher gesetzlichen Vorschriften sind, wenn und soweit die vorhergehende Frage bejaht wird, in ihren Handlungen zu erblicken?

## 25.

Die Ehefrau eines Müllers, der zwanzig Jahre älter als die Frau, dem Trunk ergeben und ihr auch sonst lästig war, unterhielt ein ehebrecherisches Verhältnis mit dem Mahlknecht. Um den Knecht heiraten und ihm die Mühle übergeben zu können, wollte sie den Mann beseitigen. Sie trug ihr Anliegen einer in mancherlei dunklen Künsten erfahrenen Witwe vor. Diese erwiderte folgendes: „Ihr schabt die Köpfe von zwölf Schwefelhölzern ab und streut das Pulver in das Essen Eures Mannes. Das tut Ihr Tag um Tag. Übermorgen ist Neumond. Da beginnt Ihr. Wenn der Mond abermals wechselt, wird der Müller eine Leiche sein." Die Frau handelte so, wie die Witwe ihr gesagt hatte. Der Müller erkrankte, da der giftige Stoff seine Magenwände angriff. Nach zehn Tagen ging er zum Arzt. Dieser riet ihm, darauf zu achten, ob seinem Essen etwas Schädliches beigemischt werde. Der Müller befolgte den Rat in der Weise, daß er das Essen, das seine Frau ihm vorsetzte, unbemerkt mit dem für die Frau bereitgestellten Essen vertauschte. Der Wechsel hatte zur Folge, daß die Frau durch das Gift Übelkeit und Magenbeschwerden erlitt. Am Schluß der zweiten Woche hörte die Frau auf, das aus dem abgeschabten Schwefel und Phosphor gebildete Pulver dem Essen beizugeben. Sie führte ihren Plan nicht weiter aus, weil der Mahlknecht das Haus und die Umgegend in Streit mit ihr verlassen hatte. Die Eheleute erlitten keinen bleibenden Schaden ihrer Gesundheit.

Welche strafbaren Handlungen haben die Müllersfrau, die Witwe und der Müller begangen? Welche Strafen sind angemessen?

26.

Drei Burschen im Alter von siebzehn, sechzehn und fünfzehn Jahren schlossen sich zu einer Wanderung im Gebirge zusammen. Was sie am vierten Tag unternahmen, überstieg ihre Kraft und Erfahrung. Sie kamen, als es zu dunkeln begann, vom bezeichneten Weg ab und gerieten im Abstieg über einen felsigen Steilhang in ernste Gefahr. Schwäche und Angst engriffen den Jüngsten so, daß er auf die Hilfe der anderen angewiesen war. Der Älteste erkannte, daß er sich allein zu retten vermochte, wenn er zu einer höher gelegenen Hütte zurückkletterte und dort die Nacht verbrachte. Der Sechzehnjährige aber hielt bei dem hilfsbedürftigen Jüngsten aus. Er sicherte seine Lage, schützte ihn vor Kälte, indem er den eigenen Mantel über ihn deckte, und stärkte sich im Gebet, als während der Nacht auf Schneetreiben eisiger Wind bei sternklarem Himmel folgte. Ein Jäger, der in der Frühe auf dem nur sechzig Meter seitwärts entfernten Weg emporstieg, fand die beiden. Der sechzehnjährige war erfroren. Der jüngste schlief. Er wurde zu Tal gebracht, erkrankte an Lungenentzündung, genas aber nach drei Wochen.

Ist der Siebzehnjährige für das, was seine Genossen erlitten haben, strafrechtlich verantwortlich? Auf welche tatsächlichen Umstände kommt es an? Welche rechtlichen Erwägungen sind maßgebend? Wie erwidert der Jugendrichter auf das Verhalten des Siebzehnjährigen, wenn dieser verantwortlich ist?

27.

Ein Krämer wurde in den Vorstand der von Bauern seines Dorfes neu errichteten eingetragenen Genossenschaft zur Beschaffung von Gegenständen des landwirtschaftlichen Betriebs berufen und zum

Rechner und Lagerhalter bestellt. Zunächst legte er die von den Genossen eingezahlten Geschäftsanteile — ohne böse Absicht — in die Geschäftskasse des eigenen Betriebs. Auch trug er die Einnahmen und Ausgaben für die Genossenschaft in die Handelsbücher ein, die er für den eigenen Betrieb ungeordnet führte. Der als erstes Vorstandsmitglied eingesetzte Bauer drängte darauf, daß der Krämer die Gelder trenne und besondere Bücher für die Genossenschaft anlege. Da im Schuppen des Krämers Waren lagerten, die der Inhaber einer Großbuchbinderei in der Kreisstadt dem Krämer anvertraut hatte, um sie vor Kriegsgefahr zu schützen, entnahm der Krämer diesen reichhaltigen Beständen zwei Handelsbücher mit Vordruck, Papier, Umschläge und anderes Schreibgerät im Gesamtwert von 35 RM. „Das ist gerade recht für unsere Genossenschaft", dachte er, „der Buchbinder merkt es nicht, wenn da etwas fehlt." Seine Buchführung blieb unordentlich, auch nachdem er sie für die Genossenschaft abgesondert hatte. Er war nachlässig sowohl in der Erhebung der von den Genossen zu leistenden Zahlungen als auch in der Bereinigung der Verbindlichkeiten der Genossenschaft und wirtschaftete überhaupt übel. Ein Großkaufmann, der landwirtschaftliche Werkzeuge an die Genossenschaft geliefert hatte, erwirkte gegen sie einen Vollstreckungsbefehl über 420 RM. Es war zu besorgen, daß der Gerichtsvollzieher die im Lager der Genossenschaft vorhandenen Vorräte an Bohnenkernen, die von den Bauern zur Saat dringend gebraucht wurden, demnächst pfänden werde. Deshalb schaffte der Krämer die mit Bohnenkernen gefüllten Säcke vom Lager weg in die Mühle, wo er sie beim gutgläubigen Müller unter einem Vorwand einstellte. Der Vollstreckungsgläubiger, der Befriedigung durch Pfändung nicht erlangen konnte, beantragte die Eröffnung des Konkursverfahrens über das Vermögen der Genossenschaft. Das Amtsgericht entsprach dem Antrag in der Annahme, daß die Schuldnerin zahlungsunfähig geworden sei. Der Konkursverwalter ermittelte, daß der Krämer in seiner Eigenschaft als Mitglied des Vorstandes der Genossenschaft Sachen aus den Beständen des Buchbinders für die Genossenschaft verwertet, Vermögensstücke der Genossenschaft beiseite geschafft und die Handelsbücher so geführt hatte, daß sie keine Übersicht des Vermögensstandes gewährten. Er erstattete Anzeige bei der Staatsanwaltschaft.

Was ergibt die Prüfung der rechtlichen Lage durch den Staatsanwalt?

28.

Ein Rechtsanwalt wurde von einem wegen Jagdfrevels zu Gefängnis verurteilten Gutsbesitzer beauftragt, beim Amtsgericht ein Gesuch um gnadenweise Umwandlung der Freiheitsstrafe in Geldstrafe einzureichen. Er erledigte den Auftrag und wies seine Schreibgehilfin an, dem Gutsbesitzer eine Rechnung auszuschreiben und mitzuteilen, in der 350 RM Gebühren und dazu die Auslagen anzusetzen seien. Die Schreibgehilfin wandte ein, nach § 69 der Gebührenordnung für Rechtsanwälte dürfe keine höhere Gebühr als 200 RM für ein Gnadengesuch beansprucht werden. Der Rechtsanwalt entgegnete: „Tun Sie, was ich Ihnen befohlen habe, und mischen Sie sich nicht in Dinge ein, die Sie nichts angehen! Wenn Sie mir Schwierigkeiten machen, so entlasse ich Sie." Die Schreibgehilfin, die für ihre schwerkranke Mutter und für ein uneheliches Kind zu sorgen hatte, gehorchte, weil sie fürchtete, andernfalls Stellung und Einkommen zu verlieren. Der Gutsbesitzer zahlte die 350 RM im Glauben daran, daß er sie schulde.

Klagt der Staatsanwalt den Rechtsanwalt oder die Schreibgehilfin an? Welche strafbaren Handlungen legt er ihnen zur Last?

## 29.

Ein Bauernbursche wurde an dem von ihm gewünschten nächtlichen Besuch bei der Geliebten dadurch verhindert, daß deren Vater Haustüren und Fenster abends sorgsam schloß. Um doch Eingang in das Haus zu erlangen, sprach er in einer Wirtschaft zu Gehör eines am Nebentisch sitzenden Menschen, der im Dorf als ein wegen Diebstahls vielfach vorbestrafter Taugenichts bekannt war, davon, daß der Vater jenes Mädchens, ein reicher Bauer, Vieh auf dem Markt verkauft und einen ansehnlichen Geldbetrag nach Haus gebracht habe. In der folgenden Nacht legte er sich auf die Lauer. Was er bezweckt hatte, geschah. Der Einbrecher öffnete die hintere Haustüre in lautloser Arbeit mit einem Sperrhaken, drang ein und schlich nach der Wohnstube, um dort die Truhe zu durchsuchen. Der Bauernbursche folgte in den Hausgang nach, stieg die Treppe hinauf und betrat die Schlafkammer des Mädchens. Die über die Zumutung entrüstete Bauerntochter wies ihn mit einer Ohrfeige ab. Der entstehende Lärm erweckte den Bauern. Der Dieb wurde ergriffen, bevor er die Geldkasse gefunden hatte.

Welche strafbaren Handlungen hat der Bauernbursche begangen?

## 30.

Ein Schreiner, der in Schulden geraten war, wollte sich Geld durch den Brand seines eine Viertelstunde vom Dorf entfernten Holzschuppens und der darin aufgeschichteten, gegen Feuersgefahr versicherten Holzvorräte verschaffen. Diese waren für einen Gläubiger gepfändet. Die öffentliche Versteigerung stand nahe bevor. Der sechzehn Jahre alte Lehrling des Schreiners war dem Meister treu ergeben, in der Arbeit geschickt, aber geistig so schwach, daß er Recht von Unrecht nicht unterscheiden konnte. Als der Schreiner mit dem Lehrling in der Werkstatt schaffte, führte er ein Selbstgespräch: „Wie komme ich aus dem Elend heraus? Der rote Hahn auf dem Dach, wo die Bretter liegen, könnte mich retten. Wenn mir nur jemand hülfe?" Der Lehrling begriff den Wunsch nach einem Brand, deutete ihn aber irrigerweise auf das dem Schreiner gehörige Wohn- und Werkstattgebäude. Dort legte er in der folgenden Nacht Feuer. Das Haus brannte nieder.

Verfolgt der Staatsanwalt den Schreiner oder den Lehrling oder beide mit Anträgen beim erkennenden Gericht? Welchen Inhalt haben die Anträge?

31.

Ein Meister einer Edelmetallfabrik war vom Fabrikleiter beauftragt worden, in seinem Arbeitsraum darauf zu achten, ob Arbeiter Teile der bei der Arbeit entstehenden kleinsten Abfallstücke — des Gekrätzes — für sich wegnehmen. Er hatte Verdacht gegen einen Arbeiter. Um ihn in dem vermuteten unehrlichen Treiben sicher zu machen, vereinbarte der Meister mit dem Pförtner, dieser solle von der Durchsuchung des verdächtigen Arbeiters am Ausgang so Abstand nehmen, wie das bei bewährten und für vollkommen zuverlässig erachteten Arbeitern regelmäßig geschah. Erst als der Meister einen diebischen Zugriff jenes Arbeiters selbst wahrgenommen hatte, folgte er ihm am Feierabend bis zur Pforte nach, wo der Pförtner den Arbeiter auf seinen Wink durchsuchte. In der Westentasche des Arbeiters fand sich Goldstaub im Wert von 25 RM. Der überführte Arbeiter gestand, daß er seit einem halben Jahr immer wieder Gekrätze im Gesamtwert von 800 RM gestohlen und an einen Althändler zum Preis von 300 RM verkauft habe. Ein Teil der von dem Arbeiter begangenen strafbaren Handlungen fiel in die Zeit, in der das Verhalten des Meisters und des Pförtners die Ausführung erleichtert hatte.

Haben der Meister und der Pförtner sich der Beihilfe zum Diebstahl schuldig gemacht?

32.

Ein ausgedienter Einbrecher, der in der Jugend das Schlosserhandwerk erlernt, dann aber nahezu die Hälfte des Lebens im Zuchthaus verbracht hatte, unterhielt sich davon, daß er Diebswerkzeug ersann, verbesserte, herstellte und veräußerte. Er fertigte eine Feile, die bestimmt und geeignet war, Eisenstäbe rasch und lautlos durchzusägen, in verschiedenen Stärken an. In einer von Berufsverbrechern besuchten Großstadtkneipe verkaufte und übergab er solche Feilen an drei Männer, die im Sonderfach der Kellereinbrüche arbeiteten. Er wußte, daß die drei dem Einbruchsdiebstahl als ihrem Beruf ergeben und wegen schweren Diebstahls im

Rückfall bestraft waren. In den folgenden Nächten führte einer der drei Einbrecher fünf Kellereinbrüche mit Hilfe der Feile, die sich bewährte, aus. Ihm fielen Vorräte im Gesamtwert von 460 RM in die Hände. Der zweite war durch Krankheit verhindert. Der dritte erbeutete in zwei Einbrüchen, bei denen er die Feile gebrauchte, Vorräte im Gesamtwert von 180 RM. Beim dritten Unternehmen wurde er von der Polizei ergriffen, während er daran war, das Eisengitter eines Kellerfensters mit der Feile auszuheben. Er verriet die anderen.

Wie beurteilt die Strafkammer die Handlungen der vier Berufsverbrecher? Welche Rechtsfolgen erwägt sie?

## 33.

Ein Schneidermeister, der das Handwerk nur mit einem Gehilfen und einem Lehrling betrieb, überließ seiner Ehefrau die im Geschäft vorkommenden schriftlichen Arbeiten. Diese bewahrte eingehende Rechnungen, Bestellungen und sonstige Briefe auf, trug Guthaben und Schulden, Einnahmen und Ausgaben des Betriebes in ein Buch ein, in dem sie auch Vorgänge des Haushalts vermerkte. Alles geschah lückenhaft und ohne rechte Ordnung. Langwierige Krankheit belastete den Schneider mit Schulden. Ein Tuchhändler, dem er 720 RM für gelieferte Stoffe schuldete, erwirkte ein Anerkenntnisurteil und ließ, da er vollständige Befriedigung seiner mit Zinsen und Kosten auf 770 RM angewachsenen Forderung durch Pfändung nicht erlangen konnte, den Schneider zur Leistung des Offenbarungseids vor das Amtsgericht laden. Der Schneider fertigte mit dem Beistand seiner Ehefrau ein Verzeichnis seines Vermögens an. Es lag ihm daran, nichts zu verbergen. In der zur Abnahme des Eids bestimmten Verhandlung legte er das Verzeichnis vor. Nachdem der Richter dieses mit ihm durchgesprochen hatte, richtete der Bevollmächtigte des Gläubigers Vorhalte und Fragen an den Schuldner. Er fragte zunächst, ob nicht noch eine weitere Forderung gegen einen Kunden des Meisters bestehe. Der Schneider besann sich und verneinte die Frage, wie er glaubte, der Wahrheit gemäß. Daraufhin drang der Bevollmächtigte schärfer auf den Schuldner ein. „Nehmen Sie sich in acht!", sagte er. „Sie kommen mir nicht hinaus. Verweigern Sie den Eid, so lasse ich Sie alsbald verhaften. Ich habe den Geldbetrag, der vorgeschossen werden muß, bei mir." Die Drohung erregte und verwirrte den ängstlichen Mann. Als der Bevollmächtigte die weitere Frage nach dem Vorhandensein einer Erbschaftsforderung vorbrachte, erbat der Schneider einige Minuten Zeit zur Rücksprache mit seiner im Zuhörerraum anwesenden Ehefrau. Im Gang des Gerichtsgebäudes gab er seinem Zweifel und seiner Sorge vor seiner Frau Ausdruck: „Daran habe ich bisher nicht gedacht. Ich weiß nicht, ob unser Jüngster, der Fritz, mir und den anderen Brüdern noch eine Kleinigkeit aus dem Nachlaß der Mutter herauszuzahlen hat. Ich mag nicht schwören. Ich fürchte mich." Die Frau, die entschlossener als der Mann war und weniger von Bedenken angefochten wurde, antwortete: „Das mag nun so oder anders sein. Wenn der Fritz Dir noch etwas schuldet, so sind das keine hundert Mark. Darauf kommt es nicht an. Du mußt den Eid auf Dich nehmen. Was soll aus uns werden, wenn sie Dich einsperren." Der Schneider war allgemein gewohnt, sich dem stärkeren Willen der Frau zu beugen. Ihre Worte wirkten auf ihn ein. Er gab vor dem Richter — innerlich unsicher und zagend — an, daß ihm von einer Forderung aus Erbschaft nichts bekannt sei. Dann leistete er den Eid.

Die Angaben des Schneiders wichen in zwei Stücken von der Wirklichkeit ab. Ein Handlungsgehilfe, dem er vor zwei Jahren einen Anzug geliefert hatte, war ihm 110 RM schuldig geblieben, hatte sich damals für mittellos und zahlungsunfähig ausgegeben, aber acht Monate vor der Verhandlung von auswärts schriftlich mitgeteilt, daß er jetzt eine gut bezahlte Stelle erlangt habe und seine Schuld demnächst begleichen werde. Der Brief war unter den Schriftlichkeiten im Hauswesen des Schneiders vorhanden, aber seinem Gedächtnis entschwunden. Ferner hatte die Auseinandersetzung über den Nachlaß der vor sechs Jahren verstorbenen, verwitweten Mutter des Schneiders ergeben, daß der jüngste Sohn Fritz, auf dessen Ausbildung für einen Beruf die Mutter mehr als auf die der anderen fünf Söhne aufgewandt hatte, verpflichtet war, seinen Brüdern je 70 RM zu zahlen. Fritz, der zur Zeit der Teilung noch lernte und nichts einnahm, war inzwischen gut besoldeter Beamter einer städtischen Bauverwaltung geworden und mit der Zahlung an die Brüder nur aus Nachlässigkeit in Rückstand geblieben.

Fällt dem Schneider oder seiner Ehefrau eine strafbare Handlung zur Last?

### 34.

Ein Oberlehrer an einer Dorfschule beschäftigte sich mit mancherlei außerhalb seines Fachs, mit Bienen- und Blumenzucht, mit Sternen- und Rechtskunde. Auch übte und vervollkommnete er sich in der Kunst, fremde Schriftzüge nachzuahmen sowie die Urheber und deren Eigenschaften aus Schriftzügen zu erforschen. Als Vorbild diente ihm unter anderem ein mit drei Unterschriften versehenes Schreiben der Bezirks-Schulbehörde, in dem diese bescheinigte, daß er sein Amt treu und fleißig mit gutem Erfolg ausübe. Als er in eine Kleinstadt eines anderen Bezirks versetzt worden war, zeigte ihn ein an derselben Schule angestellter Unterlehrer bei der neuen Aufsichtsbehörde mit der unrichtigen Angabe an, daß er das Amt über den Liebhabereien vernachlässige. Die Behörde schickte dem Oberlehrer die Anzeige zur schriftlichen Gegenäußerung zu. Der empörte Mann verfaßte eine umfangreiche, wohlgesetzte Verteidigungsschrift, wies die gegen ihn vorgebrachten Tatsachen als unwahr zurück und schloß das Schreiben mit folgenden Worten: „Beiliegendes Anerkennungsschreiben meiner früheren Aufsichtsbehörde entlarvt den Verfasser der lügenhaften Anzeige als einen heimtückischen Verleumder, als den ihn auch seine Handschrift brandmarkt." Doch war ihm die Urschrift des Anerkennungsschreibens abhanden gekommen. Deshalb fügte er eine von ihm früher gefertigte Nachahmung bei. Er sagte sich: „Was ich tue, indem ich das Schreiben so einreiche, als ob es die Urschrift wäre, ist unrecht. Doch kann ich das nicht auf mir sitzen lassen, was mir der Unterlehrer nachsagt. Und ein Schreiben, das ersichtlich macht, daß ich es selbst geschrieben habe, beweist nichts." Die Aufsichtsbehörde empfing die Verteidigungsschrift mit der Beilage. Sie sah jenes Schreiben als echt an.

Der Staatsanwalt erhob Anklage gegen den Oberlehrer wegen Urkundenfälschung in Tateinheit mit Beleidigung nach §§ 267, 185, 73 RStGB. Wird der Amtsrichter verurteilen oder freisprechen oder das Verfahren einstellen?

35.

Ein Kassenbote fuhr auf dem Rad von der Kreisstadt nach dem 7 km entfernten Fabrikanwesen. Er trug Geldscheine im Gesamtwert von 3500 RM, die zu Lohnzahlungen verwendet werden sollten, in der um den Leib geschnallten Ledertasche bei sich. Wo der wenig begangene Weg durch ein Waldstück führte, wurde ihm ein Prügel vor das Rad geworfen. Er stürzte. Zwei ihm unbekannte Männer packten ihn an und versuchten, ihm die Geldtasche zu entreißen. Er sprang auf, wehrte sich kräftig und verletzte einen der beiden Angreifer mit einem Schlagring so schwer, daß er betäubt liegenblieb. Daraufhin entfloh der andere. Der Betriebsleiter der Fabrik entlohnte die mutige Abwehr mit 20 RM. „Wenn mir dasselbe noch einmal vorkommt, werde ich mein Leben nicht mehr um 20 RM aufs Spiel setzen", dachte der Mann.

Neun Monate später hatte er Geldscheine im Gesamtbetrag von 4100 RM von der Kreisstadt nach dem Fabrikanwesen zu verbringen. Er war zu Fuß. Als er die letzten Häuser der Stadt verließ, begann es zu dunkeln. Da trat ihm ein großer, starker Mann entgegen, hielt ihm eine Schußwaffe vor die Brust und sagte: „Seien Sie vernünftig, und geben Sie die Geldtasche ruhig heraus! Wenn Sie den leisesten Laut hören lassen oder im geringsten Widerstand leisten, sind Sie ein toter Mann!" In dieser Lage schnallte der Kassenbote, weil er für sein Leben fürchtete, die Tasche ab und reichte sie dem anderen. Dieser schwang sich auf ein Rad, das er neben sich an einen Baum gelehnt hatte, und fuhr unerkannt davon.

Verfolgt der Staatsanwalt die erste Tat des Kassenboten als versuchten Totschlag oder gefährliche Körperverletzung oder seine zweite Tat als Unterschlagung oder Untreue? Aus welchen Gründen sieht er, wenn er keine Anklage erhebt, im einen oder anderen Fall von einem Einschreiten ab?

36.

Ein Arzt in der Kreisstadt, der großes Ansehen als Geburtshelfer genoß, wurde aus einem 44 km entfernten Dorf von der Hebamme angerufen, er möge mit äußerster Beschleunigung dorthin kommen, das Leben einer Gebärenden sei durch die Lage des Kindes schwer gefährdet. Also fuhr der Arzt in dem von ihm selbst gelenkten Kraftwagen alsbald nach dem Dorf ab. Obwohl die Straße schmal, schlecht gepflegt und an Biegung und Gefälle reich war, hielt er eine Geschwindigkeit von durchschnittlich 65 km in der Stunde ein. Halbwegs stieß er an einer unübersichtlichen Stelle, da er infolge der hohen Geschwindigkeit nicht rechtzeitig anhalten konnte, von hinten auf einen mit einer Kuh bespannten Leiterwagen auf. Das Fuhrwerk wurde zertrümmert, sein Lenker, ein junger Knecht, schwer verletzt und der Kraftwagen des Arztes so beschädigt, daß er nicht mehr gebraucht werden konnte. Der Arzt bemühte sich um den Knecht. Er verband seine Wunden und gab ihm eine herzstärkende Einspritzung. Nach einer halben Stunde starb der junge Mann unter den Händen des Arztes. Herzugekommene Landleute verbrachten den Toten in sein Heim und verschafften dem Arzt ein Pferdefuhrwerk. Mit ihm setzte er die Fahrt nach dem Dorf fort. Er traf dort eine Stunde später ein, als er eingetroffen wäre, wenn er den Weg mit dem Kraftwagen in der durch die örtlichen Verhältnisse gebotenen Geschwindigkeit zurückgelegt hätte. Zehn Minuten vor seiner Ankunft hatte die Frau, der er helfen sollte, mit dem Kind den Tod im gestörten Geburtsvorgang erlitten.

Der Staatsanwalt erhob Anklage vor der Strafkammer. Er beschuldigte den Arzt, daß er den Tod des Knechts durch Fahrlässigkeit verursacht habe. In der Beweisaufnahme wurden Ärzte und Kraftwagenführer als Sachverständige gehört. Der Angeklagte sagte im Schlußwort folgendes: „Ich sehe ein, daß, wenn ich mit der Geschwindigkeit gefahren wäre, die ich hätte einhalten sollen, der Knecht und die Frau das Leben nicht verloren hätten und das Kind lebensfähig ins Leben eingetreten wäre. Was geschehen ist, bedrückt mich. Doch wollte ich nur meine Pflicht gegenüber der Frau erfüllen. Ob ich nach dem Gesetz strafbar bin, weiß ich nicht. Urteilen Sie über mich, wie es Ihre Pflicht ist! Aber schicken Sie einen nahezu siebzig Jahre alten Mann, der immer für Gesundheit und Leben der ihm anvertrauten Kranken redlich gearbeitet hat, nicht ins Gefängnis!“

Wie entscheiden die Richter der Strafkammer?

## 37.

Ein Maler, der später berühmt wurde, hatte anfangs keinen Erfolg. Er geriet in Schulden und kam auch drei Monate lang mit dem Mietzins für das Zimmer in Rückstand, in dem er wohnte und arbeitete. Die Wirtin kündigte ihm und schalt: „Wenn Sie ausziehen, kommt mir keines von Ihren Bildern aus der Wohnung! Ob das Zeug etwas wert ist, weiß ich nicht. Aber ich will mich doch daran halten können." Der Maler besprach den Fall am Donnerstag mit einem jungen Berufsgenossen: „Am Samstagvormittag rück ich aus. Da ist die Alte auf dem Wochenmarkt. Ich hab schon einen Dienstmann mit einem Karren bestellt. Aber Du mußt auch helfen und einige Bilder von der Schloßstraße weg in mein neues Zimmer in der Seidenstraße bringen." Der Freund sagte zu. Er ging am Samstagvormittag in das Zimmer des anderen. Haustüre, Glastüre und Zimmertüre waren nicht verschlossen. Im Zimmer war eine Unordnung, die auf den Umzug hinwies. Ein Teil der Sachen des Mieters war schon entfernt. Der Freund nahm zwei Ölbilder und eine Mappe mit Skizzen und trug sie aus der Wohnung und dem Haus hinaus. An der Liederhalle begegnete ihm der bedrängte Künstler. Er lachte und erzählte: „Gestern kam der Schuster zu mir, dem ich den Kaufpreis für zwei Paar Schuhe schuldig geblieben bin. Er wollte auch Geld von mir haben, sah meine Bilder an und kaufte meine ‚Badende Nixe' um 300 Mark. Was er zu fordern hatte, zog er ab. 230 Mark zahlte er mir bar. Kaum war der Schuster gegangen, so stand die Alte im Zimmer. Sie muß gelauscht haben. ‚Jetzt bekomm ich auch mein Geld', sagte sie, und ich gab ihr die 60 Mark."

Haben die beiden Maler oder hat einer von ihnen strafbar gehandelt? Auf Grund welcher Vorschriften können sie zur Verantwortung gezogen werden? Findet ihre Verfolgung ohne weiteres statt?

## 38.

Ein Friseur bearbeitete das Haar einer Frau, um es in Dauerwellen zu legen. Er gebrauchte zur Arbeit eine Metallhaube und mehrere Zellhornkämme. Durch Öffnungen in der Innenwand der Haube wurde heiße Luft, die ein elektrisch betriebener Heizkörper im Schlauch einer Rohrleitung erwärmt hatte, an das zu trocknende Haar herangetragen. Die Kämme hielten das Haar in der zu formenden Lage fest. Der Friseur wandte sich, nachdem die Trocknung in Betrieb gesetzt war, entsprechend der allgemeinen Übung des Friseurgewerbes, einer anderen Arbeit zu. Er überwachte den Trocknungsvorgang nicht weiter. Als die Frau annähernd eine Viertelstunde unter der Trocknungshaube gesessen hatte, gerieten die in ihr Haar eingesteckten, leicht entzündlichen Zellhornkämme und mit ihnen das Haar selbst in Brand. Dieses wurde teilweise bis auf die Haarwurzeln zerstört. Die Frau erlitt Brandwunden an Stirne, Ohren und Schultern. Ihr Kleid wurde beschädigt.

Die verletzte Frau stellte alsbald Strafantrag gegen den Friseur. Sie erhob beim Amtsgericht Klage gegen ihn mit dem Antrag, daß er verurteilt werde, den durch den Brand an ihrem Körper, ihrer Gesundheit und ihrem Eigentum entstandenen, auf 1200 RM berechneten Schaden zu ersetzen. Der Staatsanwalt klagte den Friseur beim Amtsgericht wegen fahrlässiger Körperverletzung an. Im bürgerlichen Rechtsstreit und im Strafverfahren fand am selben Tag Verhandlung vor dem Amtsgericht statt. Ein Friseurmeister und ein auf dem Fachgebiet derartiger Trocknungsanlagen erfahrener Fabrikant wurden als Sachverständige gehört. Sie erstatteten in beiden Sachen ein Gutachten desselben Inhalts: Der Vorgang müsse darauf zurückgeführt werden, daß ein dem Heizkörper entsprungener elektrischer Funke die Zellhornkämme im Haar der Frau in Brand gesetzt habe. Im übrigen lasse sich die Ursache nicht ermitteln. Ein Fehler an der vom Beklagten gebrauchten Trocknungseinrichtung sei nicht nachzuweisen. Die Frage, ob dem Beklagten eine Schuld am Unfall vorzuwerfen sei, bleibe nach ihrer Meinung ungeklärt.

Reicht ein solches Ergebnis der Verhandlung aus, um im Strafverfahren den Schuldspruch oder im bürgerlichen Rechtsstreit die Entscheidung zu stützen, daß der Klageanspruch an sich begründet sei?

39.

Ein aus der Gefangenschaft entlassener Soldat, der heimatlos umherzog, dachte daran, seine Sinnenlust im Umgang mit einer Frau der durchwanderten Landschaft zu befriedigen. Er eröffnete sein Vorhaben einem Kameraden, der ihn eine Strecke weit begleitete und sich in der Gegend auskannte. Dieser wies ihn zurecht: Er sei ein blöder Kerl; wenn ihm keine Frau zu Willen sei, so möge er eine zwingen; von der Kreisstadt führe ein wenig begangener Fußweg durch den Wald zu einem Dorf; der Weg werde manchmal von Frauen benutzt, die abends in dem Dorf Milch geholt haben; dort möge der andere eine Frau abpassen und seine Lust an ihr ausüben, gleichviel, ob sie wolle oder nicht. Der Soldat befolgte den Rat des Kameraden. Er legte sich im Wald bei dem Fußweg auf die Lauer. Als es zu dunkeln begann, kam ein Mädchen, das eine Milchkanne trug, vom Dorf her. Der Soldat stürzte sich auf das Mädchen und riß es zu Boden. Das Mädchen erschrak heftig. Es wehrte sich aber kräftig und gewandt. Der Soldat zerriß die Kleider des Mädchens, versuchte, seine Beine auseinanderzudrücken, und biß es in den Arm. Er kämpfte eine Viertelstunde lang mit dem Mädchen. Als das Mädchen im Begriff war, zu ermatten, trat der Same des Mannes so aus, daß er die Beine und die Kleider des Mädchens beschmutzte. Daraufhin ließ der Soldat von seinem Opfer ab. Er verschwand im Wald.

Das Mädchen raffte sich auf, ordnete seine Kleider, nahm die Kanne, aus der die Milch ausgelaufen war, zur Hand und eilte nach Haus. Es war neunzehn Jahre alt und das einzige Kind einer Witwe, deren Mann den Tod im Feld erlitten hatte. In sittenreiner, strenger Lebensauffassung war das Mädchen unberührt geblieben. Was ihm widerfahren war, erregte und quälte es furchtbar. Es war damals von einer weit entfernten Großstadt, wo es das Amt einer Lehrerin ausübte, nur für wenige Tage auf die Nachricht von einer lebensgefährlichen Krankheit ihrer Mutter in die Heimat gekommen. Unterwegs überlegte die junge Lehrerin, wie sie sich der Mutter gegenüber zu verhalten habe. Sie war geneigt, ihr das Ereignis zu verschweigen, um den Zustand der Mutter nicht zu verschlechtern. Die Mutter aber erkannte am Aussehen und den Kleidern der Tochter, daß dieser etwas Schlimmes zugestoßen war. Sie ließ nicht nach, bis die Tochter ihr die Wahrheit bekannte. Das Mitleid mit der Tochter und die Sorge um sie griffen die Mutter so an, daß sie in der Nacht einer Herzschwäche erlag. Der Jammer der jungen Lehrerin war grenzenlos. Sie verzweifelte, zumal da sie in ihrer Unerfahrenheit befürchtete, von dem Soldaten geschwängert worden zu sein. Das Übermaß an Leid, Not und Scham erdrückte sie. Am dritten Tag nach dem Überfall ging sie, als die Mutter beerdigt war, zum nahen Fluß. Dort ertränkte sie sich.

Welche Strafvorschriften sind auf die Handlungen des Soldaten und des Kameraden anzuwenden? Welche Strafen sind angemessen?

## 40.

Ein zweiundzwanzig Jahre alter Knecht, der in Polen geboren und aufgewachsen war, wurde zum Dienst im Pferdestall eines sächsischen Ritterguts angestellt. Er war in der Arbeit fleißig und willig, aber vergeßlich, unbesonnen und ungeschickt. Der Verwalter des Guts, ein strenger und harter Mann, plagte den Knecht, so daß Furcht vor dem Verwalter und Haß gegen ihn die Seele des Knechts einnahmen. Dieser suchte Trost und Rat bei einem älteren Polen, der schon seit Jahren als Schweizer auf dem Gut diente. Als der Knecht wieder einmal über sein schlimmes Los klagte, sagte der Schweizer zu ihm: „Ich weiß nur einen Rat, wie Du dem bösen Deutschen vergelten und erreichen kannst, daß er Dich besser behandelt. Zünde das Verwaltungsgebäude an, und sei der erste und eifrigste, wenn es gilt, die Sachen des Verwalters aus dem brennenden Haus zu retten!“

In der folgenden Nacht brannte das Verwaltungsgebäude nieder. Es stand ohne baulichen Zusammenhang zwischen Schloß und Stallung. Unten befanden sich Milch- und Futterkammern sowie das Geschäftszimmer des Verwalters. Im Obergeschoß war die Wohnung eingerichtet. Der junge Knecht tat sich bei der Rettungsarbeit hervor. Ihm war es vornehmlich zu verdanken, daß der größere Teil der Habe des Verwalters geborgen wurde. Es entstand nur Sachschaden.

Die Ursache des Brandes blieb zunächst ungeklärt. Man dachte an Selbstentzündung feucht eingebrachten Heus. Am dritten Tag nach dem Brand beobachteten Arbeiter, die von der Arbeit in einem Braunkohlenwerk heimkehrten, daß ein junger Mensch in das tiefe Wasser sprang, das einen am Rand des Dorfes gelegenen, aufgegebenen Steinbruch erfüllte. Die Arbeiter zogen den Menschen aus dem Wasser, wandten die Hilfe an, deren es zur Rettung eines Ertrunkenen bedarf, und brachten den Geretteten zum Bürgermeister des Ortes. Der Gerettete war jener polnische Knecht. Der Bürgermeister pflegte und versorgte ihn und sprach freundlich mit ihm. Da brach der Knecht in Tränen aus. „Ich habe das Haus angezündet", rief er. „Mein Landsmann, der Schweizer, hat mich angestiftet. Nun fürchte ich, daß Gott mich strafen und daß die Jungfrau Maria mir nicht mehr beistehen werde. Deshalb bin ich ins Wasser gegangen. Ich habe nicht mehr leben wollen."

Knecht und Schweizer wurden verhaftet. Der erstere wurde bald zur Untersuchung seines Geisteszustandes in eine staatliche Heil- und Pflegeanstalt überführt. Der ärztliche Leiter der Anstalt erstattete, nachdem der Knecht dort sechs Wochen lang beobachtet worden war, ein Gutachten folgenden Inhalts: Der Knecht sei als Sohn eines Trinkers geboren. Er habe von der Kindheit an Spuren geistiger Störung aufgewiesen und sei in der Dorfschule seiner Heimat weit hinter den anderen Schülern zurückgeblieben. Anfälle von Schwermut und Verfolgungswahn haben wiederholt Grund gegeben, den Knecht in Irrenanstalten zu verwahren und zu behandeln. Seine krankhafte Veranlagung trete im Umgang mit ihm nicht allgemein hervor. Sie schließe aber seine strafrechtliche Verantwortlichkeit für die Brandstiftung aus. Die öffentliche Sicherheit erfordere die Unterbringung des Knechts in einer öffentlichen Heil- und Pflegeanstalt.

Was verfügt der Staatsanwalt in Rücksicht auf dieses Ergebnis des Vorverfahrens? Welche Vorschriften sind für seine Verfügungen maßgebend?

41.

Die Ehefrau eines Fuhrmanns lebte, nachdem acht ältere Kinder das elterliche Haus endgültig verlassen hatten, nur noch mit dem Ehemann und einem siebzehn Jahre alten Sohn zusammen. Ihr Leben war schwer. Denn ihr roher, gewalttätiger und selbstsüchtiger Mann mißhandelte und bedrohte sie und den Sohn immer wieder in gefährlicher Weise, insbesondere, wenn er, was oft geschah, betrunken heimkehrte. Überdies hatte sie sich mit einem vorübergehend in der Wohnung untergebrachten Bauarbeiter vergangen. Sie war von ihm geschwängert worden. Bisher war es ihr gelungen, ihren Zustand vor Mann und Sohn zu verbergen. Doch mußte sie jetzt baldige Entdeckung seitens des Mannes befürchten. Da er sich schon seit Jahren von der Frau ferngehalten hatte, schloß für ihn die Kenntnis der Schwangerschaft die des Ehebruchs in sich.

Der Gedanke, daß ihr Mann sie ums Leben bringen werde, sobald er ihre Schwangerschaft erkannte, beherrschte die unglückliche Frau. Sie glaubte, einen Ausweg aus ihrer Notlage nur darin finden zu können, daß sie dem Mann zuvorkam, ihn unverzüglich aus dem Leben schaffte. Allein war sie zu dieser Tat nicht fähig. Also weihte sie den Sohn ein, aber ohne ihm kundzutun, daß sie schwanger war und daß die Furcht vor dem durch die Entdeckung der Schwangerschaft ausgelösten Zorn des Mannes den Ausschlag zu ihrem Entschluß, den Mann zu töten, gegeben hatte. „Was haben wir für ein elendes Leben", sagte sie zum Sohn. „Wir haben keinen ruhigen Tag. Ich halte das nicht länger aus. Ich gehe daran zugrunde. Der Vater muß weg. Ich weiß mir und dir nicht anders zu helfen. Denn du wirst durch des Vaters Schuld ein unfroher, gedrückter Mensch. Du mußt deshalb mitmachen. Allein werde ich nicht Herr über ihn. Wenn er abends auf seinem Stuhl am Tisch sitzt und die Zeitung liest und darüber einnickt, trittst du hinter ihn und schlägst ihn mit dem Hammer so auf den Kopf, daß er betäubt wird. Dann schleppen wir den Bewußtlosen auf den Boden, legen ihm einen Strick um den Hals und hängen ihn auf. Am anderen Morgen zeigen wir dem Bürgermeister an, daß wir den Vater erhängt aufgefunden haben, er habe sich das Leben genommen."

Der Sohn erklärte sich bereit, der Mutter zu folgen. An einem Freitag vereinbarten die beiden die Ausführung für den Abend des folgenden Tages. Am Samstagabend kam der Mann und Vater nüchtern nach Haus. Er verhielt sich friedlich und sank nach dem Abendessen, wie gewöhnlich am Tisch sitzend, beim Lesen der Zeitung in Schlaf. Dem Schlafenden versetzte der Sohn von hinten einen Schlag mit dem Hammer auf den Kopf. In der Erregung schlug er so kräftig zu, daß der Schlag die Schädeldecke zertrümmerte und alsbald tödlich wirkte. Mit der Leiche gingen Mutter und Sohn dann so um, wie das mit dem Bewußtlosen hätte geschehen sollen.

Die polizeilichen Ermittlungen, die am folgenden Morgen infolge der Anzeige der Frau einsetzten, ergaben sofort, daß nicht Selbstmord, sondern Mord oder Totschlag die Ursache des Todes des Fuhrmanns sein mußte. Mutter und Sohn legten auf Vorhalt ein volles Geständnis ab. Der Sohn zeigte ernste Reue.

Was erwägt der Staatsanwalt, wenn er den zuvor beschriebenen Sachverhalt darauf prüft, ob er die Mutter oder den Sohn oder beide anzuklagen und auf welche Vorschriften er die Klage zu stützen habe?

42.

Ein Pfarrer erteilte in einem der Kirchengemeinde gehörigen Gebäude mehr als dreißig Schülern im Alter von dreizehn und vierzehn Jahren den Konfirmandenunterricht, zu dem die Eltern ihre Söhne angemeldet hatten. Die Schüler glaubten, dem unterrichtenden Geistlichen nicht die Achtung zu schulden, zu der die Zucht der staatlichen Schule sie anhielt, und im Konfirmandenunterricht nicht zu der Aufmerksamkeit verpflichtet zu sein, die im ordentlichen Schulunterricht von ihnen gefordert wurde. Sie störten den Unterricht durch fortgesetzte Unarten und gehorchten den wiederholten ernsten Mahnungen und Warnungen des Pfarrers nicht. Dieser rief deshalb drei Schüler, die er als besonders widerspenstig und ungezogen ansah, in den Raum zwischen den Schulbänken und dem Lehrersitz heraus. Er versetzte ihnen mit einem Meerrohr mehrere Schläge auf das Gesäß. Die Schläge waren schmerzhaft, schädigten aber die Gesundheit der Betroffenen nicht.

An einem der nächstfolgenden Tage besuchte der Pfarrer die Väter der gezüchtigten Schüler. Er besprach das Geschehene mit ihnen. Der erste, ein Volksschullehrer, erwiderte folgendes: „Ich werde das, was Sie getan haben, dem Staatsanwalt und dem Kirchenrat anzeigen. Denn ich kenne Urteile des Reichsgerichts, die dahin gehen, daß ein Züchtigungsrecht zwar dem Lehrer im staatlichen Unterricht, aber nicht dem Geistlichen im Konfirmandenunterricht zusteht." Der zweite, ein Musiker, ließ sich so vernehmen: „Ich bin ein Gegner jeder an Kindern vorgenommenen körperlichen Züchtigung, gleichviel, ob sie von den Eltern auf Grund ihrer Fürsorgepflicht oder von Lehrern kraft ihres Erziehungsrechts ausgeübt wird. Doch sehe ich ein, daß Sie nicht mit bösem Willen, sondern nur in der Absicht gehandelt haben, den Konfirmandenunterricht erfolgreich zu machen. Also denke ich nicht daran, den unschädlichen Schlägen, die mein Sohn erhalten hat, eine Folge zu geben." Der dritte, ein Handwerker, gab folgende Antwort: „Sie haben recht getan. Wer Buben in diesem Alter irgend was zu lehren hat, setzt sich ihnen gegenüber nur durch, wenn er auf ihre Unarten, falls es nottut, manchmal mit einigen kräftigen Hieben erwidert. So halte ich es mit meinen eigenen Buben und mit meinen Lehrbuben. Das hat sich stets bewährt. Zeigt der Lehrer Sie an, so können Sie sich darauf berufen, daß ich die Schläge, die mein Bube abbekommen hat, gutgeheißen habe."

## 43.

Ein Polizeiwachtmeister wurde beauftragt, einen Vorrat unzüchtiger Bilder, deren Beschlagnahme der Staatsanwalt angeordnet hatte, damit sie durch gerichtliches Urteil eingezogen werden, aus den Geschäftsräumen einer Druckerei, wo sie zwecks Verbreitung lagerten, zu holen, in die Diensträume des Polizeiamts zu verbringen, dort zu ordnen und zu verzeichnen und dann der Staatsanwaltschaft zu übergeben. Er erfüllte den Auftrag. Da er grob sinnlich veranlagt war und ein Gefallen an den Bildern fand, nahm er aus dem mehrere tausend umfassenden Vorrat ein Stück an sich und in seine Wohnung. Die Familien- und Hausgemeinschaft, der er vorstand, setzte sich aus ihm selbst, seiner Ehefrau, einer fünfzehn Jahre alten ehelichen Tochter und einer von ihm nicht erzeugten sechzehn Jahre alten, unehelichen Tochter seiner Ehefrau zusammen. Der Polizeibeamte zeigte jenes Bild, das zwei nackte Menschen im Vollzug des Beischlafs darstellte, den beiden Mädchen vor, und zwar nicht gleichzeitig, sondern einem nach dem anderen. Hierbei erklärte er ihnen verschiedene Möglichkeiten geschlechtlicher Vereinigung und die durch sie ausgelösten Empfindungen. Er handelte so, weil eine solche Einwirkung auf das Gefühl der jugendlichen Mädchen seine eigene Sinnenlust reizte. In seiner Wohnung verkehrte überdies ein mit der Tochter seiner Ehefrau befreundetes unehelich geborenes Mädchen im Alter von siebzehn Jahren, dessen Mutter der Polizeibeamte vor seiner Eheschließung in der Empfängniszeit beigewohnt hatte. Er wußte, daß die Mutter dieses Mädchens ihn als den unehelichen Vater bezeichnete, und glaubte an die Wahrheit dieser Angabe, obwohl er die Möglichkeit eines geschlechtlichen Verkehrs der Mutter mit einem anderen Mann in der Empfängniszeit nicht für ausgeschlossen erachtete. Auch diesem Mädchen gegenüber verhielt er sich, als er mit ihm allein beisammen war, so wie bei den beiden anderen.

Auf Grund welcher gesetzlichen Vorschriften ist der Polizeiwachtmeister zur Verantwortung zu ziehen?

## 44.

In einer Kleinstadt, dem Sitz eines Landgerichts, starb ein Elfenbeinschnitzer, dessen Kunst weithin geschätzt wurde. Er war unverheiratet geblieben. In einem eigenhändigen Testament hatte er den Nachlaß seinen gesetzlichen Erben zugesprochen, Nachlaßverwaltung angeordnet und einen Rechtsanwalt und Notar zum Testamentsvollstrecker ernannt. Der Sohn eines verstorbenen, älteren Bruders, ein jüngerer Bruder und eine Schwester waren die Erben. Der siebzehn Jahre alte Neffe besuchte das Gymnasium. Der Inhaber der ersten Buchhandlung der Stadt hatte den verwaisten Knaben als

Vormund in sein Hauswesen aufgenommen. Er verwaltete das Mündelvermögen im Wert von annähernd 7000 RM. Der Bruder des Erblassers bekleidete das Amt eines Studienrats an der Töchterschule. Die Schwester war mit einem Arzt verheiratet. Der Nachlaß bestand, da die Beerdigungskosten das vorhandene bare Geld und das Bankkonto aufgezehrt hatten, nur noch in Fahrnis, vornehmlich in Kunstwerken aus der Hand des Verstorbenen. Der Testamentsvollstrecker veräußerte den Nachlaß im Einvernehmen mit den Erben an einen Kunsthändler, der zum Abschluß des Geschäfts aus einer Großstadt hergereist war. Der Erfolg war gut. Dann berief der Notar die Erben und den Vormund des Neffen zu einer Verhandlung über die Auseinandersetzung und Teilung. Vor der Verhandlung sah der Buchhändler mit seinem Mündel das Buch ein, in dem dessen Vater den Stand seines Vermögens, Forderungen und Schulden, aufgezeichnet hatte. Die Einträge ergaben, daß der Erblasser vor dreizehn Jahren von seinem älteren Bruder ein Darlehen im Betrag von 2000 RM für eine Reise ins Ausland zwecks weiterer Ausbildung erhalten, das Darlehen samt Zinsen vor acht Jahren zurückerstattet, die dem Bruder zur Sicherung seiner Forderung übergebenen Kunstwerke aber in dessen Besitz gelassen hatte. Der Buchhändler äußerte hierüber zum Mündel: „Wir wollen abwarten, ob diese alten Geschichten in der Verhandlung zur Sprache kommen." In der Verhandlung brachte die Arztehefrau vor, sie wisse, daß ihr älterer Bruder dem Erblasser in dessen Ausbildungszeit mit 2000 RM ausgeholfen habe, diese 2000 RM müssen zugunsten des Neffen in Rechnung gestellt werden. Der Studienrat stimmte zu. Der Notar erinnerte sich dunkel daran, vor langer Zeit vom Erblasser gehört zu haben, daß die alte Darlehnsschuld beglichen sei. Doch forschte er nicht weiter nach. Denn er dachte: „Die erwachsenen Erben befinden sich in gesicherter, die Arztehefrau sogar in glänzender Vermögenslage, der verwaiste Neffe aber wird eine bessere wirtschaftliche Unterlage für die Jahre der Schule, der Hochschule und des Vorbereitungsdienstes bis zum ausreichenden eigenen Erwerb dringend nötig haben." Der Buchhändler und der Schüler schwiegen, letzterer in der Annahme, daß es seinem Vormund in erster Reihe zustehe, sich zu entscheiden und demgemäß vernehmen zu lassen. Demzufolge wurden von dem auf 74 000 RM bewerteten Nachlaß 2000 RM als Nachlaßverbindlichkeit abgezogen. Dem Neffen wurden als Gläubiger 2000 RM und als Erbe 24 000 RM zugeteilt. Die beiden anderen Erben erhielten denselben Erbteil. Alsbald nach der Verhandlung setzte der Buchhändler die Kunstwerke, die ehemals als Pfand gedient hatten und unter dem elterlichen Erbgut des Mündels in einem Schrank aufbewahrt waren, in Geld um. Er erlöste 3400 RM. Die insgesamt 29 400 RM legte er dann unverzüglich für den Mündel mündelsicher an.

Ein halbes Jahr später fand der Studienrat unter den vom Erblasser angesammelten Schriften, die er als wertlos übernommen hatte, einen Brief des ältesten Bruders, aus dem die Rückzahlung jenes alten Darlehens und der Verbleib der Pfandstücke im Besitz des Gläubigers hervorgingen. Er ließ die Sache zunächst auf sich beruhen. Als er aber bei einem geselligen Zusammensein einen Staatsanwalt traf, mit dem er von der Hochschulzeit her eng verbunden war, erzählte er diesem den Verlauf der Nachlaßverhandlung und das, was er dagegen aus dem Brief ersehen hatte. „Mir kommt es so vor", fügte er bei, „als ob unser guter Notar da auch ein wenig mitgeschoben hätte". Dann bat er den Staatsanwalt dringend, er möge das Mitgeteilte streng vertraulich behandeln. Der Staatsanwalt antwortete: „Du hättest mir all das gar nicht sagen sollen; du bringst mich dadurch in eine mißliche Lage." Die Angelegenheit bewegte den Staatsanwalt in den folgenden Tagen stark. Er fand sich in einen Widerstreit der Pflichten verwickelt. Denn er stand in dauerndem dienstlichem und gesellschaftlichem Verkehr mit dem Rechtsanwalt und dem Buchhändler. Er achtete beide als zuverlässig, gewissenhaft und uneigennützig. Andererseits drängte sich ihm die Pflicht, beim Bekanntwerden des Verdachts einer strafbaren Handlung den Sachverhalt zu erforschen, immer wieder mahnend auf. Er zögerte und verschob den Entschluß Tag um Tag, bis es nach Umfluß von zehn Tagen zu spät war. Da nämlich der Studienrat auch sonst geplaudert hatte, wurde die Angelegenheit in verzerrter und vergröberter Gestalt Stadtgespräch. Ein Schriftsetzer zeigte das, was solchermaßen umgetragen wurde, dem Oberstaatsanwalt schriftlich an. Sein Schreiben schloß mit den Worten: „Man sieht also, daß es auch bei den feinen Leuten und bei denen, die berufen sind, das Recht zu wahren, mit Lug und Trug zugeht. Die ganze Bande gehört ins Gefängnis, der Staatsanwalt sogar ins Zuchthaus. Aber vielleicht finden Sie, Herr Oberstaatsanwalt, doch noch ein Hintertürchen, um Ihre Standesgenossen freizulassen."

Was verfügt der Oberstaatsanwalt daraufhin gegen den Schüler, den Buchhändler, den Rechtsanwalt und Notar, den Studienrat, den Staatsanwalt und den Schriftsetzer? Welche tatsächlichen und rechtlichen Erwägungen sind für ihn maßgebend?

## 45.

Eine Magd hatte, früh verwaist, die ihr gereichte karge Kost schon in der Schulzeit durch Arbeit abverdienen müssen. Nachher war sie mehr als zwanzig Jahre lang in fremden Diensten herumgestoßen worden. Im Alter von sechsunddreißig Jahren diente sie auf einem Einödhof. Sie verkehrte dort geschlechtlich mit einem fünfzig Jahre alten, verwitweten Taglöhner. Das Verhältnis der beiden blieb verborgen. Sobald die Magd erkannte, daß sie schwanger war, teilte sie das dem Taglöhner mit. „Von mir erhältst du nichts", sagte er zu ihr. „Treibe die Frucht ab! Ich will dir verschaffen, was dazu nötig ist. Willst du das nicht, so locke den Bauern in deine Kammer und dein Bett. Er ist ja hinter jeder Schürze her. Dann muß er den Vater machen." Die Magd antwortete: „Das Kind kommt zum Leben und bleibt am Leben. Hilfst du nicht, so sorge ich allein für das Kind. Das andere will ich tun." In den nächsten Tagen brachte die Magd den Bauern bei gemeinsamer Arbeit im Wald dazu, daß er ihr beiwohnte. Das geschah dreimal nacheinander an verschiedenen Tagen. Als ihre Schwangerschaft vorschritt und auffällig wurde, äußerte die Magd gegenüber anderen Dienstboten, daß der Bauer sie geschwängert habe. Die Bäuerin erfuhr das. Sie erhob Klage auf Scheidung der Ehe. Im Rechtsstreit wurde die Magd als Zeugin vor den Einzelrichter geladen. Sie verabredete — wie auch in allen folgenden Fällen, in denen sie vor Gericht oder vor einer anderen Behörde in der Angelegenheit auszusagen hatte — mit dem Taglöhner, wie sie sich zu verhalten habe. Vor dem Richter schilderte sie den ehebrecherischen Umgang mit dem Bauern so, wie er sich zugetragen hatte, behauptete aber, der Wahrheit zuwider, daß sie sich dem zudringlichen Bauern erst nach einigem Sträuben hingegeben habe. Der Bauer räumte den Ehebruch mit der Magd ein. Diese wurde nicht beeidigt. Die Zivilkammer erkannte auf Scheidung der Ehe. Das Urteil erlangte Rechtskraft.

Inzwischen hatte die Magd den Hof verlassen und einen anderen Dienst im nahen Dorf genommen. Sie kam, während sie allein auf freiem Feld arbeitete, ohne Beistand nieder. Vor Ablauf einer Woche zeigte sie die Geburt dem Standesbeamten an. Dieser trug ihrer Angabe entsprechend den Bauern als den unehelichen Vater in das Geburtenbuch ein. Die Magd unterschrieb den Eintrag.

Das Jugendamt hörte die Magd gemäß seinen vormundschaftlichen Obliegenheiten. Die Magd brachte vor, daß sie in der Empfängniszeit nur mit dem Bauern den Beischlaf vollzogen habe. Demzufolge erhob der Vormund beim Amtsgericht Klage mit dem Antrag, daß der Bauer nach §§ 1708 ff BGB. verpflichtet werde, dem Kind Unterhalt durch Entrichtung einer Geldrente zu gewähren. Der Beklagte wandte ein, daß auch ein anderer oder mehrere andere der Kindesmutter in jener Zeit beigewohnt haben. Die als Zeugin geladene Magd bestritt die Wahrheit des Einwands des Beklagten. Sie wurde nach gesetzmäßiger Belehrung beeidigt. Der Amtsrichter gab der Klage statt. Die Zivilkammer verwarf die Berufung des Beklagten, nachdem die Magd abermals ein Zeugnis desselben Inhalts abgelegt und mit dem Eid bekräftigt hatte.

Ein Jahr später kam das ganze von der Magd und dem Taglöhner gemeinsam betriebene, hinterlistige und lügenhafte Unternehmen dadurch an den Tag, daß der Taglöhner sich im Rausch rühmte, wie er den Bauern mit der Magd hereingelegt habe. Auf Grund des Ergebnisses des Vorverfahrens klagte der Staatsanwalt die Magd und den Taglöhner bei der Strafkammer an. Die zuvor bezeichneten Handlungen bildeten den Gegenstand der Klage. Der Taglöhner leugnete. Die Magd bekannte das Geschehene unumwunden. Über die Beweggründe sprach sie sich im Schlußwort folgendermaßen aus: „Mein Leben ist ohne Liebe gewesen. Das Kind wollte ich lieben. Und das Kind sollte mich lieben. Das ist uns zuteil geworden. Soweit ich zurückdenke, habe ich nur Mangel und Plage erlebt. Mein Kind sollte es einmal leichter haben."

Welches Urteil fällt die Strafkammer gegen die Magd und den Taglöhner? Wie begründet sie das Urteil?

46.

Ein Dorfschneider wohnte und arbeitete als Mieter in dem Haus, das dem Dorfschmied gehörte und auch als Werkstatt diente. In der Familie des Schmieds war alles reichlich vorhanden, was die Notdurft erforderte und das Leben angenehm machte. Die Familie des Schneiders darbte. Denn dieser arbeitete zwar gut, war aber schwach und kränklich, so daß er wenig zuweg brachte. Die beiden Familien kamen freundschaftlich miteinander aus.

Im Jahr 1927 fertigte und lieferte der Schneider dem erwachsenen, aber noch im Haushalt der Eltern lebenden Sohn des Schmieds einen Anzug. Er übergab dem Käufer mit dem Anzug die Rechnung, die über den angemessenen Betrag von 120 RM lautete. Der Schmiedsohn hatte ein gutes Einkommen aus seiner Stellung als Handlungsgehilfe in der am Dorfrand erstellten Fabrik. Aber er war leichtlebig und verbrauchte viel. Also entrichtete er dem Schneider trotz wiederholter mündlicher Mahnungen den Kaufpreis nicht. Der Schneider geriet dadurch in Not. Er wurde damals durch den Tuchhändler, dem er einen größeren Betrag schuldete, bedrängt und wußte oft nicht, wie er das Geld zur Ernährung seiner sechs kleinen Kinder beschaffen sollte. Er sann nach, wie er den Handlungsgehilfen zur Zahlung bewegen könnte, und grämte sich. Seine Frau setzte ihm heftig zu, er müsse jetzt schärfer vorgehen, mit Wahrheit und Sanftmut komme er nie zu seinem Geld. Der Schneider antwortete: „Ich lüg nicht gern und droh nicht gern. Du bist gescheiter als ich, hast auch mehr Kraft in dir. Nimm du die Sache in die Hand! Du kannst machen, was du willst. Ich bin mit allem einverstanden." Daraufhin verfaßte die Frau des Schneiders einen an den Sohn des Schmieds gerichteten Brief, den sie so gestaltete, als ob ihr Mann der Schreiber sei. In dem Brief behauptete sie, daß ihr Mann und sie selbst wiederholt gehässige und schmähliche Äußerungen des Schmieds, seiner Frau und seines Sohnes über die Staatsführung gehört haben. Sie drohte mit einer Anzeige beim Landjäger, wenn die Rechnung über den Anzug nicht binnen dreier Tage beglichen werde. Das Vorbringen in dem Brief hatte einen wahren Kern, da in der Familie des Schmieds manches freie Wort gegen die Art der Staatsführung gefallen war, stellte sich aber als stark übertrieben dar. Die Schneidersfrau steckte den Brief in einen Umschlag mit der Anschrift des Schmiedsohns und legte ihn vor der Stubentüre der Eltern nieder.

Abends las der Schmiedsohn den Brief den Eltern vor. Die Entrüstung war groß. Obwohl die Schneidersfrau sich bemüht hatte, die Schriftzüge ihres Mannes in der Unterschrift nachzuahmen, vermuteten die Mitglieder der Familie des Schmieds doch, daß die Schneidersfrau den Brief geschrieben und unterschrieben hatte. Der gutmütige, aber jähzornige Schmied nahm 120 RM aus dem eigenen Geldvorrat und eilte mit den Worten: „Denen schlag ich alle Knochen im Leib entzwei!" die Treppe zur Wohnung der Schneidersehleute hinauf. Er traf dort nur den Mann an. Dieser hockte arbeitend auf dem Schneidertisch. Der Schmied warf das Geld auf den Tisch und langte nach dem Schneider. Der Anblick des wütenden, ihm an Kraft weit überlegenen Gegners erschreckte den Schneider. Er ergriff sein scharfkantiges Zweiellenmaß und brachte dem Schmied mit diesem Werkzeug rasch nacheinander mehrere Schläge bei. Der letzte Schlag traf den Schmied an der Schulter und zugleich dessen Frau, die nachgefolgt war und ihren Mann umklammert hatte, um ihn wegzureißen, so an der Stirne, daß sie eine blutunterlaufene, heftig schmerzende Schwellung erlitt. Die geringfügigen Schmerzen des Schmieds selbst dauerten nur wenige Minuten an.

In der Frühe des folgenden Tages ging der Schmied, sonntäglich gekleidet, aufs Rathaus. Er zeigte das, was geschehen war, dem Bauern an, der das Amt des Ortsvorstehers ausübte, und sprach dabei auch den Verdacht aus, daß die Frau des Schneiders jenen Brief gefälscht habe. Der Ortsvorsteher schrieb die Angaben des Schmieds nieder, las sie ihm vor und veranlaßte ihn, die Erklärung zu unterschreiben. Als der Schmied das Zimmer verlassen hatte, zerriß der Bauer und Ortsvorsteher die Schrift, ohne sie zuvor mit der eigenen Unterschrift zu schließen. Er warf die Stücke in den Papierkorb. „Der Schneider hat sein Geld", dachte er. „Das ist die Hauptsache. Das andere hat keinen Wert. Der Schmied kann sich die 120 RM von seinem Sohn geben lassen. Die Beule an der Stirn der Frau schwillt in einigen Tagen ab. Ehe eine Woche vergangen ist, sind die Händel vergeben. Die Leute sind dann nur froh, wenn sie mit dem Staatsanwalt und dem Richter nichts zu tun haben." Fünf Tage später kam der Ortsvorsteher auf dem Weg zur Feldarbeit an der Werkstätt des Schmieds vorbei. Dieser, am Amboß stehend, mit dem

Hammer in der Hand, fragte: „Hast du meine Schrift weggeschickt?" „Freilich", antwortete der Bauer. „Meinetwegen hättest du es lassen können", bemerkte der Schmied.

Welche strafrechtlich bedeutsamen Fragen ruft der geschilderte Sachverhalt hervor? Wie sind die Fragen zu lösen?

47.

Ein Schlosser, der wegen Betrugs im Alter von zweiundzwanzig Jahren mit sechs Monaten und im Alter von fünfundzwanzig Jahren mit einem Jahr Gefängnis bestraft worden war, wurde im Jahr 1937 — einunddreißig Jahre alt — nach Verbüßung einer zweijährigen Zuchthausstrafe aus der Strafanstalt entlassen. Er kam zu seiner Frau, die mit den drei ehelichen Kindern in bedrängten Verhältnissen lebte. Sie schickte ihn fort. „Ich kenne dich", sagte sie. Dich bessert keine Strafe. Ich kann mich der Kirche wegen nicht von dir scheiden lassen. Aber ich will mit einem Zuchthäusler nicht länger zusammenleben. Sieh zu, wie du dich allein durchschlägst! Für die Kinder sorge ich." Also brachte der Schlosser sich anderswo unter. Da er in seinem Fach überaus geschickt war, hätte er trotz der Vorstrafen Arbeit und Verdienst finden können. Doch zog er es vor, durch Heiratsschwindel, der schon in den vorhergehenden Fällen den Grund seiner Bestrafung gebildet hatte, die Mittel zu einem nicht nur notdürftigen, sondern üppigen Leben zu erlangen. Aus dieser Gesinnung heraus schädigte er im Verlauf von anderthalb Jahren insgesamt zwölf unverheiratete Frauen um Geldbeträge, die sich im Rahmen zwischen 200 RM und 3000 RM bewegten. Seine Erscheinung begünstigte sein Tun. Er sah gut aus, legte ein gewinnendes Wesen an den Tag und kleidete sich sorgfältig.

Auf einen einheitlichen Plan gestützt, ging er stets in gleicher Weise vor. Er gab sich als ledig aus, versprach den Frauen, an die er herantrat, den Abschluß einer Ehe und behauptete, er habe bei einem Bausparverein 6000 RM zum Erwerb eines Eigenheims eingezahlt, der Verein habe ihm für den Fall, daß er alsbald eine weitere Zahlung leiste, die Übertragung des Eigentums an einem unmittelbar vor der Vollendung stehenden Haus zugesichert. Um sein Vorbringen glaubhaft zu machen, wies er den Frauen Urkunden vor, die er selbst angefertigt, mit Vordrucken und Stempeln ausgestattet und mit den Unterschriften der angeblichen Aussteller abgeschlossen hatte, nämlich einen scheinbar von einem Bürgermeisteramt erteilten Heimatschein, in dem er als lediger Mechaniker bezeichnet wurde, sowie zwei angeblich von dem Bausparverein herrührende Briefe, die ihn zu einer weiteren Zahlung aufforderten und die Bereitwilligkeit zur Auflassung unter der Voraussetzung des Eingangs der Zahlung innerhalb einer kurzen Frist erklärten.

Mit dem betrügerischen Treiben verband der Schlosser die Absicht, die getäuschten Frauen geschlechtlich zu mißbrauchen. Gegenüber zehn Frauen gelang ihm auch dies. In drei Fällen war das Vorgehen des Schwindlers besonders verwerflich oder das Los der Verletzten besonders schlimm.

Eine Verkäuferin, der er 700 RM durch Betrug abgenommen hatte, wies ihn, als er bei einem Besuch in ihrer Wohnung zudringlich wurde, scharf zurück. Darauf griff er sie tätlich an. Das bisher unberührte Mädchen wehrte sich. Er erkannte ihren ernsten Widerstand, warf sie zu Boden und erzwang den Beischlaf nach langem Kampf mit dem schließlich ermatteten Mädchen. Dann ging er weg, um sich nicht mehr bei ihr sehen zu lassen. Als die Verkäuferin die Anzeichen einer Schwangerschaft bemerkte, holte sie den Rat eines Frauenarztes ein. Dieser bestätigte die im dritten Monat stehende Schwangerschaft. Nach den Umständen konnte nur der Schlosser der Erzeuger sein. Die Nachforschungen eines Polizeibeamten klärten das Mädchen wenige Tage später darüber auf, in wessen Hände sie gefallen war. Die Unglückliche, die allein im Leben stand, geriet in Verzweiflung über das, was sie erlitten und infolge der Schwangerschaft zu erwarten hatte. Sie wurde schwermütig und stürzte sich aus dem Fenster ihrer im dritten Stock eines Vorstadthauses befindlichen Wohnung auf die Straße. Der Sturz führte den von ihr gewollten Tod herbei.

Eine Haushälterin, die durch den Schlosser um 1100 RM geschädigt worden war, verweigerte ihm die wiederholt begehrte Beiwohnung: „Solange ich Dir nicht angetraut bin, kommst Du nicht an mich heran". Um sein Ziel doch zu erreichen, spiegelte er ihr eine Trauung vor. Drei Männer, die in den gehobenen Verbrecherkreisen mit ihm verkehrten, halfen ihm. Einer übernahm die Rolle des Standesbeamten. Die beiden anderen stellten die Trauzeugen dar. In einem hierzu hergerichteten Raum einer Versicherungsgesellschaft ging das Spiel vor sich. Ein scheinbares Familienbuch lag vor. Die im Gesetz vorgesehenen Eintragungen wurden vorgenommen. Der Schlosser, die gutgläubige Haushälterin, sowie die drei Genossen unterschrieben, jeder in der Eigenschaft, die ihm in dem Vorgang zugewiesen war. Nachdem dies geschehen war, empfing die betrogene Frau den Schlosser wiederholt in der Wohnung, in der sie den Haushalt leitete. Sie gestattete ihm die Beiwohnung im Glauben an die Ehelichkeit. Als die an ihr verübte Täuschung nach mehreren Wochen entdeckt worden war, gab die Haushälterin das Verlangen der Bestrafung des Schlossers sofort in einem Schreiben an die städtische Polizei kund. „Der Kerl gehört ins Zuchthaus", bemerkte sie. „Was mit den drei anderen wird, ist mir gleichgültig."

Eine in selbständigem Beruf tätige Putzmacherin hatte dem Schlosser 2800 RM für die vorgetäuschte Zahlung an den Bausparverein ausgefolgt. Sie gab sich ihm im Vertrauen auf die versprochene Ehe freiwillig hin und wurde von ihm geschwängert. Sobald sie ihm dies mündlich eröffnet hatte, brach er den Verkehr mit ihr ab. Briefe, die sie unter der von ihm angegebenen Anschrift abschickte, kamen als unbestellbar zurück. Unruhe und Angst erfaßten die Getäuschte. Die Aufklärung durch die polizeilichen Ermittlungen drückte sie nieder. Sie wurde des Lebens überdrüssig und offenbarte ihre Qual und ihr Vorhaben dem ledigen Bruder, mit dem sie zusammenlebte und der auf sie angewiesen war. Denn er litt an unheilbarer Schüttellähmung und bedurfte bei Tag und Nacht der Pflege, die ihm die Schwester zuteil werden ließ. Die Geschwister beschlossen, gemeinsam in den Tod zu gehen. Der Abrede gemäß tötete der Bruder die Schwester durch einen Schuß in die Brust. An der Leiche knieend schoß er sich in die rechte Schläfe. Ärztliche Kunst rettete das Leben des Schwerverletzten.

Welche strafbaren Tatbestände können den zuvor beschriebenen Ereignissen entnommen werden? Welche Rechtsfolgen sind gegenüber den strafbar Beteiligten zulässig? Welche sind angemessen?

## 48.

Ein Bauer auf einem Einödhof entschloß sich, seinen alten schadhaften Schafstall, der im Hof von den anderen Gebäuden abgesondert stand, niederzubrennen, damit er in der Versicherungssumme die Mittel zu einem Neubau erlange. Er bereitete die Brandlegung vor und wartete auf eine für die Ausführung günstige Gelegenheit. Der Schäfer, der eine große Herde teils jenem Bauern, teils anderen gehöriger Schafe hütete und den Schafstall im Winter benützte, damals aber — es war Spätsommer — die Schafe über Nacht im Pferch hielt, verkehrte auf dem Hof. Das Vorhaben des Bauern war ihm nicht bekannt. An einem Montagabend sagte er folgendes im Gespräch mit dem Bauern: „Es ist Zeit, daß sich der rote Hahn auf Deinen Schafstall setzt. Das Glump fällt sonst vollends zusammen. Am Donnerstag bringen die im Dorf ihre Feuerspritze in die Stadt. Der Mechaniker soll sie proben und herrichten. Sie wird wohl ein paar Tage in der Stadt bleiben. Da wäre es geschickt. Dann können sie Dir mit dem Löschen nicht dazwischenkommen." Der Bauer hörte die Rede schweigend an. Beim Abschied vom Bauern bemerkte der Schäfer noch: „Denk an das, was ich Dir gesagt habe. Ein guter Rat ist Goldes wert." Der Bauer gab keine Antwort. Am kommenden Freitagvormittag, während die Landleute auf den Feldern zerstreut arbeiteten, legte er das vorbereitete Feuer an. Der Schafstall brannte bis auf die Grundmauern nieder.

Nach welchen gesetzlichen Vorschriften ist das Verhalten des Bauern und des Schäfers zu beurteilen?

## 49.

In einer Großstadt führten zwei Schwestern in gemeinsamem Haushalt ein zurückgezogenes Leben. Die eine, sechsunddreißig Jahre alt, kinderlose Witwe, betrieb ein Bügelgeschäft. Die andere, um sechs Jahre jünger und ledig, war in einem Warenhaus als Sekretärin angestellt. Sie lernte auf einer Wanderung einen gleichaltrigen Mann kennen, trat in dauernde Beziehung zu ihm, verlobte sich mit ihm und vertraute auf baldigen Abschluß der Ehe. Die Verlobten traten auf Wochenendfahrten als Eheleute auf und trugen sich als solche in die Fremdenzettel der Gasthöfe ein, die der Polizeiverwaltung vorgelegt wurden. Der Umgang mit dem Freund hatte die Schwangerschaft der jüngeren Schwester zur Folge. Sie teilte dem Liebhaber ihren Zustand mit und drängte auf Vornahme der Trauung. Er gebrauchte zunächst Ausflüchte. Als die Schwangerschaft bis zum sechsten Monat vorgeschritten war, verschwand er. Er verzog in eine entfernte Stadt und verbarg seinen Aufenthalt vor der Verlobten. Ihre Not und Angst war groß. Die ältere Schwester nahm daran teil. Beim Herannahen der Niederkunft ließ die Schwangere sich beurlauben. Sie blieb zu Haus. Die Schwester stand ihr bei der Geburt bei. Das Kind kam lebend und lebensfähig zur Welt. „Was soll werden?", jammerte die uneheliche Mutter. „Ich ertrage die Schande nicht. Wenn nur das Kind tot wäre! Aber ich bringe es nicht über mich, dem Wesen das Leben zu nehmen, dem ich das Leben gegeben habe." „Wenn Du es nicht kannst, so tu ich es", erwiderte die Schwester, die kaum minder erregt und ergriffen war. Sie ertränkte das Neugeborene in der bereitstehenden Badeschüssel.

Wie ist das Verhalten der Schwestern rechtlich zu würdigen?

## 50.

Zwei Studenten, ein Theologe und ein Jurist, bewohnten miteinander ein gemeinsam gemietetes Zimmer. Der Theologe, Sohn vermöglicher Eltern, verfügte über reichliche Geldmittel. Der Jurist hatte Mühe, den notwendigen Unterhalt zu bestreiten. Die beiden waren befreundet. Der Theologe unterstützte den Juristen oft in großzügiger Weise. Die Verschlimmerung eines Kriegsschadens bewog den Theologen, wenige Wochen nach dem Beginn des Semesters in seine weitentfernte Heimatstadt zu verreisen, damit er sich dort einer Operation unterziehe. Am Tag der Abreise übergab er dem Juristen sein von der Kreissparkasse der Universitätsstadt ausgestelltes Sparbuch, in dem ein Guthaben im Betrag von 1700 RM eingetragen war. „Bewahre das Buch für mich!", sagte er „wenn es dir an Geld fehlt, kannst du für dich abheben, was du brauchst."

Bald nach der Abreise des Theologen ließ der Jurist sich in ein Verhältnis mit einer Studentin der Medizin ein. Die Medizinerin war leichtlebig, genußsüchtig, eigennützig und unzuverlässig. Als drei Wochen seit der Abreise des Theologen verstrichen waren, hob der Jurist vom Spargutgaben seines Freundes 200 RM ab. Der abgehobene Betrag diente ihm zum kleineren Teil zur Bestreitung des eigenen Lebensbedarfs, zum größeren Teil zur Befriedigung der Ansprüche der Medizinerin, die sich um die Herkunft des Geldes nicht kümmerte.

Zwei Monate später brachte die Medizinerin dem Juristen gegenüber unwahrerweise vor, sie sei von ihm geschwängert, ein mit ihr bekannter Arzt habe sich erboten, ihre Leibesfrucht abzutöten, verlange aber, daß er für den Eingriff mit 300 RM entlohnt und daß der Betrag im voraus entrichtet werde. Mit diesem Vorbringen verlangte sie, die überhaupt nicht schwanger war, von dem Juristen daß er ihr unverzüglich den Betrag von 300 RM verschaffe. Der Jurist glaubte dem Vorbringen, hatte aber Bedenken, ein solches Unternehmen einzugehen, und schlug das Ansinnen zunächst ab. Daraufhin gebärdete die Medizinerin sich so, als ob sie hochgradig erregt wäre. Sie brach in Tränen aus. „Wenn du mich lieb hast, mußt du mir helfen!", rief sie „hilfst du mir nicht, so nehme ich mir das Leben. Ich ertrage die Schande nicht." Die Klage stimmte den Geliebten um. Er ging tags darauf abermals zur Sparkasse und ließ sich 400 RM vom Guthaben seines Freundes auszahlen. 300 RM händigte er der Medizinerin aus. Den Rest verbrauchte er teils für Nötiges, teils für überflüssigen Aufwand zusammen mit der Medizinerin. Nach Umfluß von wenigen Wochen brach die Medizinerin die Beziehung zu dem Juristen ab. Sie wandte sich einem andern Liebhaber zu.

Von da ab lebte der Jurist in strenger Sparsamkeit. Als das Ende des Semesters herannahte, empfing er einen Brief des Theologen, in dem dieser seine Rückkehr in die Universitätsstadt für die nächsten Tage ankündigte. Die Untreue, die er dem Freund gegenüber begangen hatte, bedrückte den Juristen. Er sann auf ein Mittel, seine Verfehlung zu verbergen. Also verbrannte er das Sparkassenbuch. Als dann der Theologe zur angesagten Zeit in der gemeinsamen Wohnung eintraf, gab der Jurist ihm nach der ersten Begrüßung folgendes an: Bald nach der Abreise des Theologen habe er das Sparbuch in einer Tasche seines Mantels mit sich genommen, um zur Sparkasse zu gehen; bei der Einkehr in einer Wirtschaft habe er den Mantel dort an einen Kleiderhalter gehängt; nachher habe das Buch gefehlt; ein Unbekannter müsse das Buch unbemerkt aus der Manteltasche weggenommen haben. Der Vorhalt des Theologen, dann hätte der Jurist doch Grund gehabt, den Verlust des Buchs der Sparkasse sofort anzuzeigen, damit das Guthaben gesperrt werde, verwirrte dem Juristen. Der Theologe drang weiter in ihn: „Ich merk dirs doch an, du hast etwas auf dem Herzen. Sag mir offen die Wahrheit! Ich bin dein Freund und habe Verständnis für alles, was du tust und erleidest, und meine es gut mit dir." Unter dem Eindruck dieser Rede legte der Jurist dem Theologen ein unumwundenes Geständnis über alles Geschehene ab. „Ich will von der Sache nichts," erwiderte der Theologe. „Die 700 RM verschmerze ich gerne. Daß ich dich nicht anzeige, versteht sich von selbst. Überhaupt heiße ich nachträglich alles gut, was du mit dem Geld und dem Buch getan hast."

Wie sind die Handlungen des Juristen und der Medizinerin strafrechtlich zu würdigen?

51.

Ein Fährmann betrieb eine für Fußgänger und Wagen eingerichtete Fähre bei Kollau an der Mulde mit einem Fährknecht. Die Fähre vermittelte vornehmlich den Verkehr von Arbeitern zwischen Wohnort und Arbeitsstätte. An einem Tag im Frühjahr war die Überfahrt in den Morgenstunden trotz Hochwasser noch unbedenklich. Im Lauf des Tages aber schwoll der Fluß stark an. „Heute abend fahre ich nicht mehr", sagte der Fährmann deshalb zum Fährknecht. „Wir nehmen nicht mehr als dreißig Mann auf, dann geht es schon", antwortete der Knecht. Am Abend fanden sich mehr als hundert Arbeiter, hierunter wenige Frauen, am Westufer des Flusses zur Überfahrt ein. Der Fährmann redete die Versammelten an: „Zwanzig laß ich ins Boot, mehr nicht. Die anderen müssen warten, bis wir zurückkommen. Vom Einundzwanzigsten ab dürfen nur die herein, denen es recht ist, daß wir allesamt versaufen." „Wenn wir versaufen wollen, geht das dich nichts an", entgegnete einer aus der Menge. Männer und Frauen drängten ungeduldig ins Boot. Der Fährmann erkannte, daß mindestens vierzig Fahrgäste im Boot saßen oder standen. „Los!" rief der Knecht. Der Fährmann setzte die Fähre in Gang. Als das Boot noch zwei Meter vom Ostufer entfernt war, floß Wasser ein. Ein ängstliches Gedränge entstand. Ein Mann und eine Frau fielen in den Fluß. Das Boot hob sich wieder und erreichte das Ostufer. Leute, die dort warteten, zogen die beiden Verunglückten aus dem Wasser. Der Mann erlitt keinen weiteren Schaden. Die Frau aber erkrankte, da sie sich erkältet hatte, an Lungenentzündung und starb drei Wochen später im Krankenhaus in Eilenburg an den Folgen des Unfalls.

Am Tag nach dem zuvor beschriebenen Ereignis führte der Fluß noch stärkeres Wasser. Der Fährmann legte die Fähre fest und verweigerte morgens die Überfahrt, die viele Arbeiter vom Ostufer aus begehrten. Mittags, als die Flut nur wenig nachgelassen hatte, kamen drei Jäger, die gemeinsam Federwild jagten, zum Fährhaus am Ostufer. Der Fährmann schlug ihre Bitte um Überfahrt ab. Der

Fährknecht saß schweigend dabei. Die Jäger berieten. „Wir zahlen hundert Mark für die Überfahrt und nehmen alle Gefahr auf uns", bot einer von ihnen im Namen der drei an. „Ich tu es nicht", erwiderte der Fährmann, „auch nicht um hundert Mark, euretwillen nicht und auch meinetwillen nicht." Da mischte sich der Fährknecht ein: „Ich hab auch Weib und Kind", sagte er. „Aber um hundert Mark fahr ich doch." Also machte er die Fähre los. Der Fährmann ließ ihn gewähren, obwohl ihm, ebenso wie dem Knecht, bekannt war, daß das Drahtseil der Fähre mehrere schadhafte Stellen hatte. Die Jäger stiegen ein. Das Boot stieß ab, nur vom Fährknecht geleitet. Als es die Mitte des Flusses erreicht hatte, brach das Seil unter der Gewalt des anstürmenden Wassers. Das Boot schlug um. Ein Jäger kämpfte sich aus eigener Kraft durch die Flut bis ans Land. Den zweiten rettete der Knecht unter dem Einsatz des eigenen Lebens. Der dritte ertrank.

Erhebt der Staatsanwalt Klage gegen den Fährmann, den Fährknecht oder die überlebenden Jäger? Welche Erwägungen bestimmen seinen Entschluß?

52.

Ein kunstfertiger Kupferstecher, der nicht hauszuhalten verstand, machte eine Reichsbanknote über zehn Reichsmark aus Spielerei zunächst farblos nach. Das Stück gelang ihm gut. In der folgenden Zeit nahm ihn der Gedanke, das Nachmachen von Papiergeld im Großen zu betreiben, das nachgemachte Geld in Verkehr zu bringen und seine zerrüttete wirtschaftliche Lage durch den Erlös zu verbessern, mehr und mehr ein. Um die erforderlichen Platten und sonstigen Formen und Stoffe zu beschaffen, suchte er einen Kaufmann auf, mit dem er seit Jahren in Verbindung stand und von dem er wußte, daß er sich mit wucherlichen und anderen dunklen Geschäften befaßte. Ihn bat er um ein Darlehen im Betrag von 800 RM. „Wozu wollen Sie das Darlehen?", fragte ihn der Mann. Der Kupferstecher antwortete: „Sie machen Geld auf Ihre Weise. Ich will auch Geld machen, so wie es mir gegeben ist." Der Geschäftsmann, der den Beruf des anderen kannte, zog aus dieser Rede den — allerdings unsicheren — Schluß, daß der Kupferstecher die Fälschung von Geldscheinen oder Wertpapieren beabsichtige. Er erklärte: „Ein Darlehen kann ich Ihnen nicht geben. Dagegen biete ich Ihnen folgendes an: Ich beteilige mich an Ihrem Unternehmen mit einer Einlage in Höhe von 1000 RM. Haben Sie Erfolg, so müssen Sie mir vor Ablauf eines Jahres die Einlage zurückerstatten und ein Drittel des Reingewinns Ihres Betriebs auszahlen. Bleibt Ihr Unternehmen insolange erfolglos, so beschränkt sich Ihre Verpflichtung mir gegenüber auf die Rückzahlung der 1000 RM Einlage. Andererseits leihen Sie mir 400 RM. Fließt mir aus der Beteiligung an Ihrem Unternehmen vor Ablauf eines Jahres ein Gewinn von mindestens 400 RM zu, so erstatte ich die 400 RM, wenn das Jahr abgelaufen ist und ich die 1000 RM Einlage zurückempfangen habe, mit 3% Zinsen. Andernfalls bin ich Ihnen gegenüber aus dem Empfang der 400 RM zu nichts verpflichtet." Der Kupferstecher nahm das Angebot an, ohne das Für und Wider zu überlegen. Er erhielt von dem Geschäftsmann 1000 RM und erteilte diesem eine Empfangsbescheinigung über 1000 RM. Von den 1000 RM gab er dem anderen 400 RM leihweise hin. Mit 600 RM in der Tasche ging er weg.

Nachdem er alles Erforderliche mit Hilfe der 600 RM erworben hatte, fing der Kupferstecher an, Zehnmark-Reichsbanknoten im Großen nachzumachen. Er arbeitete in seiner Wohnung, war fleißig und kam tüchtig voran. Nach Umfluß von vier Monaten seit dem Abschluß des Geldgeschäfts hatte er sechstausend halbfertige Noten, aber noch kein zur Ausgabe geeignetes Stück hergestellt.

Seine Ehefrau und ein mit ihm befreundeter Berufsgenosse hatten dauernden Einblick in seine verbrecherische Arbeit. Der Freund besuchte ihn oft, sah bei der Arbeit zu, gab manchen Rat und munterte auf, die Arbeit fortzusetzen. Die Frau verhielt sich anders. Sie warnte und riet ab. Als die vier ersten Monate vergangen waren und das zuvor beschriebene Ergebnis gezeitigt hatten, hielt die Frau ihrem Mann folgendes vor: „Du bringst dich ins Zuchthaus und mich und unsere Kinder in Schande und Not. Ich lasse dir jetzt die Wahl. Ich bleibe mit den Kindern nur bei dir, wenn du das Geldmachen sofort endgültig aufgibst. Versprichst du das nicht oder hältst du dein Versprechen nicht, so reise ich auf der Stelle zu meinen Eltern ab. Die Kinder nehme ich mit mir. Ich kehre nie mehr zu dir zurück. Das schwöre ich dir, so wahr mir Gott helfe." Der Vorhalt wirkte. Denn der Kupferstecher war ein guter Familienvater. Er hing an seiner Frau und seinen Kindern. Also gelobte er der Frau gegenüber ebenso feierlich Umkehr.

Beim nächsten Besuch des Freundes unterrichtete er diesen von seinem unabänderlichen Entschluß. Er verkaufte ihm alle Formen und Stoffe sowie alle halbfertigen Noten zum Preis von 900 RM, zahlbar in drei Raten, 300 RM bei der Übernahme, je 300 RM nach einem und nach zwei Monaten. Der Freund verbrachte die gekauften Sachen unter dem Schutz der Dunkelheit in seine Wohnung. Dort setzte er die Fälscherarbeit drei Monate lang fort. Er erzielte zwar einige Fortschritte, kam aber doch nicht so weit, daß er daran hätte denken können, eine der noch unvollkommenen Noten dem Verkehr zuzuführen. Die seinem Vorgänger gegenüber erwachsenen Zahlungsverpflichtungen erfüllte er pünktlich.

Ein Nachbar, dem das geheime nächtliche Schaffen in der Wohnung des zweiten Fälschers auffiel, schöpfte Verdacht. In einem Brief mit falscher Unterschrift zeigte er der Polizei an, sie werde, wenn sie in der bezeichneten Wohnung nachsehe, eine wertvolle Entdeckung machen. Bei der Durchsuchung stieß die Polizei auf die Fälscherwerkstätte. Die Festnahme des zweiten und nach seiner Vernehmung des ersten Fälschers war die Folge. Als jener Geldgeber, der den Übergang der Fälscherarbeit vom ersten auf den zweiten Fälscher nicht erfahren hatte, die Nachricht von der Festnahme in der Zeitung las, verbrannte er den Schuldschein über 1000 RM. Auf der Sollseite des Hauptbuchs, das er verschleiert führte, trug er folgendes ein: „Geschäftsverlust 600 RM, anderweit einzubringen."

Haben der Kupferstecher, seine Ehefrau, der Freund, der Geschäftsmann oder der Nachbar strafbar gehandelt? Auf welche Vorschriften kann ihre strafrechtliche Verantwortlichkeit gestützt werden?

53.

Eine Bauernfrau hatte in der Stadt Gemüse verkauft. Nach der Heimkehr ins Dorf zählte sie das eingenommene Geld. Sie mißtraute einem Fünfzigpfennigstück, weil es ihr zu dunkel, zu rauh und zu schwer schien. „Da hat mich wieder so eine Stadtfrau hereingelegt", dachte sie. Überdem betrat ein entlassener Kriegsgefangener, der seiner Heimt zuwanderte, ihre Stube. Er bat um ein Essen. Die Bauernfrau reichte ihm einen Teller Suppe und schenkte ihm das verdächtige Geldstück, das er gutgläubig dankend annahm. Im nächsten Dorf kehrte der Wanderer ein. Er bestellte im Wirtshaus ein Stück Brot und ein Glas Bier und legte das Fünfzigpfennigstück zur Zahlung auf den Tisch. Ein alter Stromer, der neben ihm saß, ergriff die Münze aus Neugier. Er befühlte, betrachtete sie und wog sie in der Hand. Dann ließ er sie los. „Das ist kein Aluminium, sondern Eisenblech", sagte er. Aber der Wirtin kannst den Fünfziger schon andrehen. Die ist ungeschickt und merkt das nicht." „Das mag ich nicht", antwortete der Wanderer. „Aber jetzt hab ich nicht mehr genug Geld, um zu zahlen." „Wieviel fehlt dir?" fragte der Stromer. „Zehn Pfennig", erwiderte der Wanderer. „Dann tauschen wir", schlug der Stromer vor, „ich geb dir einen Zehner und du gibst mir den Fünfziger. Mit dem zahl ich meine Zeche. Ich bin nicht so blöd wie Du." Der Wanderer nahm den Vorschlag an. Die beiden tauschten. Die Wirtin empfing von dem Stromer das falsche Fünfzigpfennigstück. Die hielt es für echt.

Wie sind die Handlungen der Bauernfrau, des Wanderers und des Stromers strafrechtlich zu würdigen?

54.

Ein Handlungsgehilfe und eine Verkäuferin in einem Ladengeschäft einer Kleinstadt, er dreiundzwanzig, sie achtzehn Jahre alt, liebten einander. Sie machten gemeinsam Wochenendfahrten. Das Mädchen wurde im Umgang mit dem Freund schwanger. Als die Schwangerschaft vorschritt, ließ seine Liebe nach. Er erblickte in der Geliebten ein Hindernis für seine Berufslaufbahn. Denn ihm lag daran, sich in einer Großstadt weiter auszubilden und höher emporzuarbeiten. Sie aber wollte um ihrer alleinstehenden und kränklichen Eltern willen in der Heimat bleiben. Vor einem alten Handwerksgesellen, den ein bewegtes Leben im In- und Ausland mit mancherlei Bösem vertraut gemacht hatte, offenbarte der Handlungsgehilfe seine mißliche Lage. Der Geselle erwiderte folgendes: „Freiwillig wird sie nie von dir lassen. Sie wird dir immer anhängen und dich beschweren, solange du lebst. Du mußt sie aus dem Weg schaffen. Das kannst du ohne Gefahr tun. Du verhältst dich in der nächsten Zeit freundlich zu ihr, wenn ihr allein seid und auch vor anderen, so daß sie an deinen guten Willen glaubt und daß andere euer gutes Verhältnis sehen. Dann gehst du eines abends mit ihr zur Stadt hinaus flußabwärts der Mühle zu. Da, wo der Anglerpfad schmal am Ufer entlang führt und die Böschung steil zum Fluß abfällt, läßt du sie vorangehen. Im ruhigen Gespräch mit ihr gibst du ihr von hinten einen heftigen Stoß, so daß sie in den Fluß stürzt. Sobald sie ertrunken ist, machst du die eigenen Kleider naß. Du rennst der Mühle zu, wo du um Hilfe rufst und vorbringst, daß sie ausgeglitten sei und daß du vergebens versucht habest, sie zu retten."

Der Rat des Gesellen rief in dem jungen Mann den Entschluß hervor, die Geliebte zu töten. Doch führte er den Entschluß in anderer Weise aus. Er verschaffte sich eine Schußwaffe. Bei einem abendlichen Gang in den nahen Wald trat er ihr offen entgegen. Er erklärte ihr, das Leben in der Enge, das er mit ihr führen müßte, wäre für ihn unerträglich. Sie seien beide gleich schuldig an ihrem schlimmen Los und müssen beide sterben. Nachdem er das gesagt hatte, erschoß er sie. Dann brachte er sich an der Leiche einen Schuß in den Kopf bei. Der Schwerverwundete wurde in das Krankenhaus aufgenommen. Die Ärzte entfernten die Splitter des zertrümmerten Schläfenbeins, das zerstörte rechte Auge und das Geschoß. Nach vielen Wochen bitteren Leidens wurde der Handlungsgehilfe aus dem Krankenhaus in das Untersuchungsgefängnis überführt, einäugig und für das Leben mit den Folgen der Verletzung des Schädels und des Gehirns belastet.

Wie urteilt das Gericht über den jungen Kaufmann und den alten Gesellen?

55.

Der Bürgermeister einer ländlichen Gemeinde gab, als der ständig angestellte Gemeinde- und Ortspolizeidiener erkrankt war, einem Einwohner der Gemeinde den formlosen Auftrag, die Geschäfte des Erkrankten vertretungsweise zu besorgen. Er schickte den Vertreter in die Kreisstadt zum Einkauf von Rechnungsbüchern, Vordrucken und Schreibzeug, die für die Gemeindeverwaltung beschafft werden sollten. Zur Zahlung des Kaufpreises gab er ihm 30 RM mit.

Der Hilfspolizeidiener führte den Auftrag in der Stadt aus. Der Kaufpreis betrug 25 RM. Der Buchbinder stellte als Verkäufer eine mit Empfangsbescheinigung versehene Rechnung über 25 RM aus. Nachher kaufte jener Abgesandte des Bürgermeisters im Laden eines Uhrmachers für sich selbst eine Weckeruhr zum Preise von 17 RM, den er alsbald aus eigenen Mitteln entrichtete. Um sich bei seinen Gängen in der Stadt nicht unnütz zu belasten, ließ er die Uhr bei dem Uhrmacher mit dem Bemerken zurück, er werde sie abholen, bevor er zur Bahn gehe.

Während der Hilfspolizist nach der Erledigung der Geschäfte in einer Wirtschaft Einkehr hielt, kam ihm der Gedanke, sich auf Kosten der Gemeinde einen kleinen unrechten Gewinn zu verschaffen. Also änderte er die auf der Empfangsbescheinigung des Buchbinders mit Tintenschrift geschriebene Zahl „5“ in „8“ um. Ebenda erfuhr er im Gespräch mit einem Ansässigen, daß er bei dem Uhrmacher auf eine schlimme Erfahrung gefaßt sein müsse, dieser werde einen Weg suchen und finden, um die Herausgabe der Weckeruhr zu verweigern. Der geängstigte Käufer begab sich in den Laden des Uhrmachers. Er traf dort nur dessen Frau an, die auf sein Vorbringen und seine Bitte um Herausgabe der Uhr antwortete, sie habe keine Weisung von ihrem Mann und sei nicht in der Lage, eine Uhr anders als gegen bare Zahlung des Kaufpreises abzugeben. Daraufhin zog der Hilfspolizeidiener seine einfache Kennkarte aus der Tasche — einen Ausweis über seinen polizeilichen Beruf besaß er nicht —, hielt sie der Frau vor und sagte: „Ich bin Polizei. Ihr Mann hat einen Betrug begangen. Ich beschlagnahme die Uhr.“ Zugleich ergriff er die von ihm gekaufte Uhr, die noch auf dem Ladentisch stand, und verließ mit ihr den Laden.

Als er später in der Bahn nach seinem Wohnort zurückfuhr, bereute er das unehrliche Vorhaben gegenüber der Gemeinde. Er nahm deshalb auf jener Empfangsbescheinigung abermals eine Änderung vor, indem er die von ihm aus „5“ in „8“ umgeänderte Zahl mit einem Tintenstift bis zur Unleserlichkeit durchstrich und „5“ darüberschrieb. Im Rathaus übergab er die für die Gemeinde gekauften Waren und die Empfangsbescheinigung dem Bürgermeister, dem es nicht auffiel, daß an der den Kaufpreis ausdrückenden Zahl eine unbefugte Änderung geschehen war.

Wie sind die zuvor beschriebenen Ereignisse strafrechtlich zu würdigen?

56.

Ein Holzarbeiter ergab sich dem Wildern. Er fing Rehe in der Schlinge. Anfangs führte er das erlegte Wild ganz dem Verbrauch im Haushalt zu. Seine Frau warnte ihn: „Laß ab vom Wildern. Du fällst doch noch dem Forstwart in die Hände und wirst eingesperrt. Was soll dann aus mir und den Kindern werden?" Trotzdem bereitete sie das Rehfleisch her. Sie verzehrte es mit. Denn sie war in Not, da sie für sieben Kinder im Alter zwischen elf und zwei Jahren zu sorgen hatte und der Mann den größeren Teil seines ordentlichen Einkommens vertrank. Später ging der Arbeiter dazu über, die Jagdbeute zu verkaufen. Er brachte die besten Stücke zu einem Wildbrethändler in der Kreisstadt. Das Auftreten des Verkäufers und der geforderte billige Preis fielen dem Händler auf. Da er durch das Geschäft mit dem Arbeiter gut verdiente, sagte er zu ihm: „Mir können Sie Wildbret bringen, soviel Sie zu erlangen vermögen. Ich nehme Ihnen alles ab. Bei mir können Sie unbesorgt sein. Sehen Sie zu, daß Sie sich möglichst viel verschaffen!" Die Worte des Händlers trieben den Arbeiter dazu an, dem Wild mit noch größerem Eifer und Erfolg nachzustellen. Er erlöste viel. Als der Arbeiter einmal allein beim Wirt seines Heimatdorfes vesperte, erinnerte ihn dieser an eine alte Zechschuld: „Man hört, daß du im Wald draußen tüchtig verdienst, nicht mit der Axt, sondern nebenher. Da kannst du mir auch die 28 RM zahlen, die du schon lange schuldest. Wenn ich dem Forstwart gegenüber etwas verlauten lasse, faßt er dich. Das mußt du bedenken." Auf diese Mahnung hin bereinigte der Arbeiter vier Tage später die Schuld mit dem Geld, das er durch den Verkauf an den Händler eingenommen hatte.

Haben der Holzarbeiter, seine Frau, der Wildbrethändler und der Wirt strafbar gehandelt? Welche Vorschriften kommen ihnen gegenüber in Betracht?

57.

Ein Schuhmachermeister lieferte einem zwanzig Jahre alten Markthelfer ein Paar Schnürschuhe zum Preis von 48 RM. Die Schuhe waren in Rücksicht auf die durch eine Kriegsverletzung verursachte Mißform der Füße des Käufers nach Maß gefertigt. Der Preis war angemessen. Der Markthelfer zahlte bei der Übergabe der Schuhe 14 RM an und versprach, die restlichen 34 RM im Lauf zweier Monate nachzuzahlen, hielt aber das Versprechen nicht. Dem Meister, der selbst dringende geschäftliche Verbindlichkeiten zu erfüllen hatte, lag daran, die ausstehenden 34 RM rasch einzutreiben. In Gegenwart seines sechzehn Jahre alten Lehrlings besprach er die

Sache mit seiner Ehefrau. Auf ihr Zureden gebrauchte er zunächst eine List. Er teilte dem Markthelfer schriftlich mit, er — der Meister — stelle jetzt neu ersonnene, gut bewährte Einlagen her, die dem Käufer bei den vielen in seinem Beruf vorkommenden Gängen dienlich sein werden, er wolle solche Einlagen in die gelieferten Schuhe einarbeiten, der Käufer möge die Schuhe zu diesem Zweck in die Werkstatt des Meisters bringen. Die Behauptung war unwahr. Der Meister hatte keine neuen, besseren Einlagen ersonnen und seinen Kunden abgegeben. Er beabsichtigte vielmehr, die Schuhe, wenn der Käufer der an ihn gerichteten Aufforderung nachkommen sollte, unverändert zu lassen, aber vor Empfang der von ihm zu beanspruchenden 34 RM nicht mehr herauszugeben. Der Markthelfer brachte die Schuhe nicht und gab keine Antwort auf das Schreiben. Daraufhin ging der Meister — wiederum auf Grund einer Besprechung mit seiner Ehefrau — kraftvoller vor. Er schickte dem Markthelfer durch die Post eine offene Postkarte folgenden Inhalts zu:

„Sehr geehrter Herr! Nun ist bald ein halbes Jahr verstrichen, seit ich Ihnen die guten Schuhe geliefert habe. Und noch schulden Sie mir daran 34 RM. Sie sind wohl von Anfang an darauf ausgegangen, mich um das Geld zu prellen. Aber das laß ich mir nicht gefallen. Ich weiß, daß Sie sich bis in die Nacht hinein mit allerhand schlechtem Gesindel in der Stadt herumtreiben. Ihrem Dienstherrn kann es auch nicht gleichgültig sein, wie Sie sich aufführen und in welchem Ruf Sie stehen. Wenn ich mein Geld nicht binnen einer Woche bis auf den letzten Pfennig erhalten habe, kläre ich Ihnen Dienstherrn darüber auf, was für ein Mensch Sie sind.

Mit der Ihnen gebührenden Hochachtung

Schuhmachermeister Hagenlocher."

Auch dieses Schreiben hatte keinen Erfolg. Der Meister schickte deshalb zwölf Tage später — dem Rat seiner Frau entsprechend — seinen Lehrling am frühen Morgen eines Sonntags in die Wohnung des Markthelfers. Der Lehrling betrat das Zimmer des säumigen Schuldners durch die unverschlossene Tür. Dieser lag noch schlafend im Bett. Der Lehrling nahm die vor dem Bett stehenden Schuhe so, wie der Meister ihm dies befohlen hatte, weg, verließ das Zimmer mit ihnen und trug sie in die Werkstatt, wo er sie dem Meister ausfolgte.

Haben der Schuhmachermeister, seine Ehefrau, sein Lehrling oder der Markthelfer strafbar gehandelt? Welche Vorschriften sind gegebenenfalls auf das Verhalten des einen oder des anderen anzuwenden?

58.

Ein Bauernbursche bewarb sich um eine Bauerntochter. Er wurde von der Geliebten und ihren Eltern abgewiesen, gab aber die Hoffnung nicht auf. Eines Abends traf er sie bei der Heimkehr von der Arbeit auf einem Feldweg. Die beiden gingen miteinander. Niemand war in der Nähe. Plötzlich trat er vor sie. Er umschlang sie und drückte sie an sich, um sie zu küssen. Sie sträubte sich. Zunächst war es ihm nur um die Zärtlichkeit zu tun. Da er aber den Körper des sich windenden Mädchens in seinen Armen hielt, erwachte seine geschlechtliche Begierde. Der Kampf wurde ernst. Sie erkannte seine böse Absicht und strengte sich an, ihn abzuwehren. Als sie fühlte, daß ihre Kraft der Gewalt des stärkeren Mannes zu unterliegen drohte, gebrauchte sie eine List. „Laß mich jetzt, Gottfried!" bat sie. „Du darfst heute nacht zu mir in die Kammer kommen. Die hintere Haustür bleibt offen." Auf dieses Versprechen hin gab er sie frei. Sie setzten den Weg bis ins Dorf gemeinsam fort. In der folgenden Nacht ging er an das Haus, in dem die Geliebte wohnte. Er fand beide Haustüren geschlossen. Seine Rufe nach dem Kammerfenster wurden nicht erhört.

Der Bauernbursche führte den Mißerfolg auf das Eingreifen des Vaters des Mädchens zurück. Er suchte auf andere Weise zum Ziel zu kommen. An einem Sonntagnachmittag erwähnte er im Wirtshaus im Gespräch mit anderen jungen Leuten, daß der Bauer — der Vater jenes Mädchens -- tags zuvor einen großen Geldbetrag durch den Verkauf von Vieh erlöst habe. Er redete so laut, daß ein am Nebentisch sitzender Taglöhner, der unlängst nach Verbüßung einer mehrjährigen Zuchthausstrafe wegen schweren Diebstahls im Rückfall aus der Strafanstalt entlassen worden war, seine Worte hören konnte und hörte. In der Nacht legte er sich am Haus des Bauern hinter einer Holzbeuge auf die Lauer. Was er erwartete, geschah. Der Taglöhner fand sich dort ein. Er öffnete die hintere Haustüre mit einem Sperrhaken, drang in das Haus ein und schlich nach der Wohnstube, wo der Bauer sein Geld in einer Truhe verwahrte. Der Bauernbursche folgte ihm leise nach und stieg die Treppe hinauf zur Kammer der Geliebten empor. Bei seinem Eintritt schrie diese mehrmals laut. Das Geschrei weckte den Bauern. Er ergriff den Dieb, bevor es diesem gelungen war, die Truhe aufzubrechen, verprügelte ihn mit einem derben Stock und sperrte ihn in die Waschküche, deren Fenster vergittert waren, ein. Der Bauernbursche entwich in der allgemeinen Unruhe.

Am Morgen holte der Bauer den Landjäger. Dieser traf den Taglöhner, der versucht hatte, sich durch Erhängen das Leben zu nehmen, in der Waschküche schwerverletzt an und veranlaßte seine Verbringung ins Krankenhaus. Der scharfe Ruck, mit dem das Gewicht des durch den Strick festgehaltenen Körpers wirkte, hatte die Wirbelsäule erschüttert und mehrere Halsnerven angegriffen. Der Taglöhner verfiel demzufolge in Siechtum.

Enthält der zuvor beschriebene Lebensvorgang strafbare Handlungen? Welche allgemeinen Bestimmungen, welche besonderen Vorschriften kommen in Betracht?

59.

Ein Mann, der von früher Jugend an immer wieder gestohlen und einen großen Teil seines Lebens im Zuchthaus zugebracht hatte, wurde nach Verbüßung einer Zuchthausstrafe von zwei Jahren und sechs Monaten aus der Strafanstalt entlassen. Er war jetzt achtundfünfzig Jahr alt und infolge einer Verletzung, die er im Kampf mit der Polizei anläßlich seiner Festnahme wegen des letzten von ihm begangenen Verbrechens erlitten hatte, körperlich stark behindert. Ausreichender Verdienst durch redliche Arbeit war für ihn kaum zu erreichen. Eine solche lag ihm auch nicht. Dem Einbruchsdiebstahl, den er bisher gewerbsmäßig betrieben hatte, fühlte er sich nicht mehr gewachsen. Also entschloß er sich, anderen Einbrechern auf Grund seiner Erfahrungen Hilfsdienste zu leisten, Gelegenheiten für sie zu erkunden, Werkzeuge zu fertigen und zu beschaffen oder Wache zu stehen, damit er so die Mittel für seinen Lebensunterhalt erlange.

Zuerst beobachtete er in zahlreichen Gängen bei Tag und bei Nacht die Einrichtungen einer Pelzhandlung und die Gepflogenheiten der Angestellten, bis er ermittelt hatte, an welchem Tag, zu welcher Stunde, an welcher Stelle und in welcher Weise ein Einbruch dort ungestört und mit Aussicht auf Erfolg ausgeführt werden konnte. In einer Großstadtkneipe, in der er mit anderen Berufsverbrechern verkehrte, verkaufte er das Ergebnis seiner Erkundung an einen in diesem Fach tätigen Einbrecher zum Preis von 150 RM. Er empfing 50 RM abschlägig. Der Rest sollte ihm gezahlt werden, wenn der Einbruch geglückt war. Doch unterblieb das Unternehmen, weil der Käufer tags darauf wegen eines früher verübten Verbrechens in Haft genommen wurde.

Dann fertigte jener Mann Wachsabdrücke der Schlüssellöcher der Haustüre, der Gangtüre und mehrerer Zimmertüren zu der im zweiten Stock eines Geschäftshauses gelegenen Werkstatt eines Goldschmieds unbemerkt an. Er übergab sie einem anderen Einbrecher gegen Zahlung des festen Preises von 70 RM. Der Erwerber stellte mit Hilfe der Abdrücke Sperrhaken her und gebrauchte sie alsbald zur Ausführung der Tat. Es gelang ihm, durch die mit dem Sperrhaken geöffnete Haustüre in das Haus einzudringen. Er kam aber nur bis vor die Gangtür. Am Widerstand eines im Innern des Hausflurs vorgeschobenen Riegels scheiterte die weitere Ausführung.

Schließlich beteiligte sich derselbe Mann an der Verabredung und dem Vollzug eines groß angelegten Bankraubs. Er mischte sich so, wie das verabredet war, zu der für die Tat bestimmten Zeit unter die ein- und ausgehenden Besucher. Ihm lag es ob, durch scheinbar ängstliches und ungeschicktes Verhalten zu verhindern, daß solche Besucher den Angestellten der Bank gegen die Räuber beistehen. Als aber diese — drei Mann stark — den Schalterraum der Bank betraten und mit dem Ruf: „Hände hoch" Schußwaffen gegen die Angestellten erhoben, begegnete ein entschlossener Angestellter dem Angriff, indem er seinerseits Schüsse auf die Räuber abgab. Ein Räuber wurde getötet, ein anderer schwer verletzt, der dritte von den Anwesenden überwältigt. Der herbeieilenden Polizei fiel auch der Gehilfe in die Hände.

Welche Vorschriften des allgemeinen und des besonderen Teils des Strafgesetzbuches sind auf die zuvor beschriebenen Handlungen jenes ausgedienten, in den Hilfsdienst übergetretenen Einbrechers anzuwenden? Welche Strafen können für angemessen, welche sichernden Maßregeln für erforderlich erachtet werden?

60.

Ein Stallschweizer eines Hofguts glaubte, vom Verwalter ungerecht behandelt zu werden. Er wollte sich durch Brandstiftung rächen und faßte hierzu das Gebäude ins Auge, in dessen Oberstock der Verwalter wohnte, während im Erdgeschoß Milchkammern eingerichtet waren und Holzvorräte lagerten. Er weihte zwei Stallknechte, einen achtzehnjährigen und einen siebzehnjährigen, in seinen Plan ein, bestimmte sie zur Mitwirkung und verabredete folgendes mit ihnen: In der kommenden Nacht sollten die Knechte durch ein hochgelegenes Fenster jenes Gebäudes einsteigen und die Holzvorräte in Brand setzen; er selbst sollte unter der Tür eines Stalles Wache halten. Als die Knechte in der Nacht im Begriff waren, in das Gebäude einzudringen, schlug der Hofhund an. Der Verwalter erwachte, machte Licht und sah zum Fenster heraus. Der Schweizer trat in den Stall zurück. Der achtzehnjährige Knecht floh ins Dorf hinein. Der andere zündete, damit doch etwas nach dem Plan geschehe, die Heuvorräte in einem unbewohnten Schuppen an, der mehrere hundert Meter vom Hofgut entfernt auf freiem Felde stand. Der Schuppen brannte nieder.

Welche strafbaren Handlungen legt der Staatsanwalt den drei Beteiligten zur Last?

61.

Drei kriegsgeschädigte Insassen eines Lazaretts, ein Schuhmacher, ein Goldschmied und ein Sattler, gingen miteinander zur Stadt. Unterwegs erblickte der Schuhmacher ein auf der Straße liegendes Armband. Er hob es auf und reichte es dem Goldschmied. „Das ist echtes Gold", sagte dieser, „und mindestens achtzig Mark wert." „Wir behalten es", bemerkte der Sattler, „und machen uns einen guten Tag davon." Der Schuhmacher schwieg.

Die drei Kameraden kehrten in einer Wirtschaft ein, deren Inhaber, wie sie wußten, geneigt war, sich in dunkle Geschäfte einzulassen. Als sie allein mit dem Wirt waren, zog der Goldschmied das Armband, das er eingesteckt hatte, aus der Tasche. Er bot es dem Wirt mit den Worten dar: „Was gebt Ihr uns dafür?" Der Wirt betrachtete das Stück. Er erkannte den eingeprägten Goldstempel, schätzte den Wert richtig ein und erwiderte mit der Gegenfrage: „Woher habt ihr das Armband?" „Das hat mir meine Freundin geschenkt", antwortete der Sattler. Der Wirt glaubte diesem Vorbringen nicht. Er sagte: „Ich gebe jedem von Euch sechzig Zigaretten dafür." Dann nahm er das Armband mit sich in die Nebenstube, brachte neun Schachteln mit insgesamt hundertachtzig Zigaretten und legte sie auf den Tisch, an dem die drei ausgedienten Soldaten saßen. Später schenkte er jedem der drei ein Glas Kirschwasser ein, ohne etwas weiteres zu äußern.

Nachdem der Wirt sich entfernt hatte, erklärte der Schuhmacher, der das bisher Geschehene schweigend hatte vor sich gehen lassen: „Eigentlich gehört das Armband mir, denn ich habe es gefunden. Aber ich will mit diesem Handel nichts zu schaffen haben. Ihr könnt meine Zigaretten untereinander teilen." Also rührte er die Zigaretten nicht an. Von ihnen ergriff jeder der beiden anderen neunzig Stück. Das Kirschwasser aber trank der Schuhmacher.

Wie ist der zuvor beschriebene Lebensvorgang nach den Grundsätzen, die für strafbares Unterlassen, Teilnahme, Sonderverbrechen, straflose Nachtat und Bewußtsein der Rechtswidrigkeit maßgebend sind, strafrechtlich zu würdigen?

62.

Eine unverheiratete Frau hatte, als sie siebzehn Jahre alt war, zum erstenmal und, als sie einundzwanzig Jahre alt war, ein zweites Mal ihr Kind gleich nach der Geburt getötet. Sie war wegen der ersten Tat zu acht Monaten Gefängnis, wegen der anderen Tat zu drei Jahren und sechs Monaten Zuchthaus verurteilt worden und hatte die Strafen verbüßt. Anderthalb Jahre nach der Entlassung aus dem Zuchthaus war sie wieder schwanger. Sie beschloß, auch dieses Kind zu töten, sobald sie es zur Welt gebracht habe. Denn sie erblickte im Kind nur eine Last und ein Hindernis für ihren liederlichen Lebenswandel. Als sie dann in dem von ihr gemieteten Zimmer früh am Morgen niederkam, stand ihr eine Zimmernachbarin bei. Vor ihr sprach sie offen aus, was sie vorhatte. Die Nachbarin ermahnte sie, ihre Mutterpflicht diesmal zu erfüllen, verließ aber die Wohnung, als es für sie Zeit war, sich zum Beginn der Arbeit in dem Geschäft einzustellen, in dem sie diente. Eine Stunde nach dem Weggang der Nachbarin, drei Stunden nach der Geburt flößte die Mutter dem neugeborenen Kind Salzsäure ein. Das Kind starb nach einer halben Stunde durch Verbrennen der Schleimhäute des Rachens, des Schlundes und der Speiseröhre.

Hat außer der Kindsmörderin auch die Nachbarin strafbar gehandelt? Welche Strafvorschriften kommen in Betracht?

63.

Ein Student wollte sich eine Textausgabe des StGB. verschaffen. Er sprach mit einem Freund darüber. Der Freund erwiderte: „Im Seminar arbeitet ein Referendar. Der hat eine Textausgabe und einen Kommentar neben sich liegen. Er kann also die Textausgabe wohl entbehren. Überdies achtet er nicht auf seine Sachen. Wenn er einmal seinen Platz verläßt und in den Nebenraum weggeht, nimmst du seine Textausgabe. Dann hast du, was du brauchst.“ Die Rede des Freundes rief in dem Studenten den Entschluß hervor, sich die Textausgabe des Referendars anzueignen. Anderntags kam der Student mit dem Referendar ins Gespräch. „Ich sehe, daß Ihnen eine Textausgabe fehlt“, sagte der Referendar. „Ich leihe Ihnen die meinige gern. Sie können sie eine Woche lang behalten.“ Also empfing der Student das Buch von dem Referendar. Er nahm es mit sich, als zwei Wochen später die Ferien begannen. Dies tat er, weil er gesonnen war, das Buch überhaupt nicht mehr zurückzugeben.

Wie sind die Handlungen des Studenten und seines Freundes rechtlich zu würdigen?

64.

Ein kinderloses Ehepaar lebte getrennt. Das leichtfertige und ehewidrige Verhalten des Ehemannes hatte den Grund zur Trennung gegeben. Die Frau war in der ehelichen Wohnung verblieben, während der Mann sich anderswo untergebracht hatte. Hin und wieder besuchte der Mann die Frau, in der Regel, um Geld oder sonst etwas von ihr zu erbitten. Als er an einem Abend in die Wohnung der Frau kam, war diese ausgegangen. Die Hausgehilfin ließ ihn ein. Er setzte sich ins Wohnzimmer, wartete und las in einem daliegenden englischen Roman. Als eine Stunde verstrichen war, kam ihm der Gedanke, sich eigenmächtig Geld der Frau zu verschaffen. Der Schreibtisch, in dem die Frau ihr Geld verwahrte, war geschlossen. Also versuchte er, ob einer der Schlüssel, die er bei sich trug, passe. Das traf zu. Er öffnete den Schreibtisch mit dem falschen Schlüssel, fand in der Kasse der Frau einen Geldvorrat von 1600 RM und nahm davon die Hälfte für sich weg. Dann verschloß er den Schreibtisch wieder. Bald darauf verließ er die Wohnung. Im Weggehen ergriff er noch jenes Buch. Er steckte es in die mitgebrachte Aktentasche, um es zu behalten. Hierbei glaubte er, daß das Buch seiner Frau gehöre. In Wirklichkeit war es Eigentum einer Freundin der Frau, die es dieser geliehen hatte.

Als die Frau eine Stunde später heimkam, entdeckte die das Fehlen des Buches und bald darauf auch den diebischen Eingriff in ihre Kasse. Daß ihr Mann die Tat begangen hatte, war ihr nicht zweifelhaft. Sie stellte keinen Strafantrag. Doch kam das Geschehene dadurch an den Tag, daß die von der Frau eingeweihte Hausgehilfin vor Mithausbewohnern darüber sprach.

Verfolgt der Staatsanwalt die Tat des Ehemanns?

## 65.

Ein Taglöhner war nach Verbüßung einer wegen schweren Diebstahls im Rückfall gegen ihn erkannten Zuchthausstrafe von zwei Jahren und vier Monaten in sein heimatliches Dorf entlassen worden. Nach kurzer Zeit sann er auf neuen Diebstahl. Er wählte die Hirschwirtschaft als Ziel und hatte es darauf abgesehen, Geld, Rauchwaren und Nahrungsmittel zu erbeuten. Zwei bisher unbestrafte Knechte, einen achtzehn und einen siebzehn Jahre alten, gewann er für seinen Plan. Mit ihnen verabredete er folgendes: Die Knechte sollten bei einer Einkehr in der Hirschwirtschaft beobachten, wo der Wirt Geld, Zigarren und Zigaretten verwahre, auch an einem Fenster der Wirtsstube, das auf einen Winkel ging und regelmäßig geschlossen blieb, die Innenriegel unbemerkt zurücklegen, so daß er dieses Fenster ohne weiteres von dem Winkel aus öffnen und durch das Fenster einsteigen könne. Die Knechte, die das Vorleben des Taglöhners kannten und von ihm das Versprechen einer Belohnung durch Übergabe eines Teils der zu erbeutenden Zigaretten erhalten hatten, kamen dem Auftrag nach und unterrichteten den Taglöhner über das Ergebnis ihrer Beobachtung und darüber, daß sie die Innenriegel an jenem Fenster heimlich zurückgelegt hatten. In der folgenden Nacht stand der Taglöhner, als es dunkel und still auf den Straßen geworden war, auf, um den Diebstahl auszuführen. Seine Frau erwachte und hielt ihn zurück. Die Tat unterblieb.

Reicht das Geschehene aus, um den Taglöhner und die Knechte strafrechtlich verantwortlich zu machen? Auf welche Tatsachen kommt es an? Welche Vorschriften greifen ein?

## 66.

Ein dreiundzwanzig Jahre alter, bisher unbescholtener, durch das Lesen abenteuerlicher Schriften irregeleiteter Malergeselle beschloß, sich als Räuber in den Besitz eines großen Geldbetrages zu bringen, um mit ihm die Kosten einer Reise in die Ferne zu bestreiten. Er richtete seine Gedanken auf die Gelder, die der Postbote des Dorfes zur nahen Kreisstadt oder von dort ins Dorf beförderte. „Die gehören dem Staat", dachte er, „und dem Staat, der anderen so viel nimmt, kann man auch einmal etwas nehmen." Er eröffnete sein Vorhaben einem gleichaltrigen, geistig schwachen Handlanger, um dessen Beistand zu erlangen. Dieser äußerte Bedenken: „Der Postbote ist ein guter Mensch; ihm mag ich nicht wehe tun." „Dem alten Mann wird kein Haar gekrümmt", erwiderte der Geselle. „Du aber hast nicht mehr zu schaffen, als daß du mir hilfst, indem du da, wo die Straße den Wald erreicht, aufpaßt und mich warnst, wenn sich sonst jemand vom Dorf her nähert." Daraufhin erklärte der Handlanger sein Einverständnis.

Früh am Morgen legte der Geselle, der sich eine schwarze Maske vors Gesicht gebunden und mit einer alten, ungeladenen Pistole bewaffnet hatte, sich hundert Meter vom Waldrand entfernt hinter einem starken Baum auf die Lauer. Der Handlanger hielt außerhalb des Waldes am Straßenrand versteckt Wache. Der Postbote betrat vom Dorf her auf der Straße den Wald. Er trug die Ledertasche mit den Postsachen, unter denen ein auf Nachnahmen erhobener Geldbetrag von 230 RM war, und hatte einen derben Stock in der Hand. Der vermummte Räuber stürzte sich schreiend und die Pistole vorstreckend auf ihn. Der heftige Anprall brachte den überraschten Mann zu Fall. Der Stock entsank seiner Hand. Doch raffte der Bote sich alsbald wieder auf. Er faßte den Gegner an, riß ihm die Maske vom Gesicht, ergriff seinen Stock und verabreichte dem Gesellen eine tüchtige Tracht Prügel. Dann führte er ihn, der sich wehrlos fügte, ins Dorf, wo er ihn dem Ortsvorsteher übergab. Der Aufpasser entfloh indes. Hiermit war der räuberische Vorgang beendet.

Der Postbote hatte jedoch bei dem Fall durch einen auf der Straße liegenden Tonscherben eine kleine, wenig blutende Schnittwunde am Ballen der rechten Hand erlitten. Aus der Verunreinigung der Wunde entstand Starrkrampf, der den Tod des Postboten nach zehn Tagen herbeiführte.

In der Hauptverhandlung vor der Strafkammer bekundeten beide Angeklagten ernste Reue. Insbesondere gab der geistig schwache Handlanger, ein gutartiger Mensch, zu erkennen, daß ihm die unvorherzusehende Folge der Tat zu Herzen ging. Der Kreisarzt erstattete ein Gutachten, in dem er die strafrechtliche Verantwortlichkeit des letzteren bejahte, ihn im Sinn des § 51 Abs. 2 StGB. als vermindert zurechnungsfähig bezeichnete und dafür eintrat, daß die Strafe so weit als irgend möglich herabgesetzt werde.

Wie urteilt die Strafkammer?

## 67.

Ein bewegtes, von Mißerfolg, Not und Schuld erfülltes Leben führte einen Handwerker, als er dreiundsechzig Jahre alt und kränklich geworden war, in das Armenhaus seiner Heimatgemeinde. Sein fleißiger und umsichtiger Sohn war indes als Inhaber einer Eisenhandlung in einer entfernten Stadt zu Ansehen und Vermögen emporgestiegen. Der Sohn unterstützte den Vater, hielt aber hierbei die Grenzen ein, die nach seiner Meinung in Rücksicht auf die Lebensauffassung und Lebensführung des Vaters geboten waren. Der Vater haßte den Sohn wegen seiner Kargheit und sann darauf, sich einmal einen erheblichen Wert aus dem Vermögen des Sohnes eigenmächtig zu verschaffen. Ein Einbruch im Geschäft des Sohnes schien ihm geeignet, da er die Räume und Einrichtungen des Betriebs kannte. Als Gehilfen, der ihn durch Aufpasserdienst sichern sollte, gewann er einen anderen Insassen des Armenhauses, der ebenso wie er selbst belastet war. Ihm hielt er folgendes vor: „Die Kraft zu dem Einbruch traue ich mir zu. Das muß mir gelingen. Ich laufe auch keine Gefahr dabei. Was dem Sohn gehört, gehört auch dem Vater. Der Vater darf dem Sohn nehmen, was der Sohn hat. Das steht im Gesetz. Also kann das Gericht mir nichts anhaben, folglich auch dir nicht." Die Rede leuchtete dem anderen Armenhäusler ein. Also fuhren die beiden nach dem Wohnort des Sohnes. Der Vater führte dort den Einbruch mit Sperrhaken und Brechwerkzeug aus, während der Gehilfe auf der Straße Wache stand. Die Tat verlief ungestört. Sie erbrachte den Geldbetrag von 2700 RM aus der Geschäftskasse. Der Einbrecher entlohnte den Gehilfen mit 300 RM.

Während der andere ins Armenhaus zurückkehrte, begab sich der Vater auf Wanderschaft. Er besuchte eine verwitwete Tochter, die in einer anderen Stadt als der Sohn lebte. Der Tochter fiel der große Geldvorrat des Vaters auf. Sie schöpfte Verdacht, als sie in einer Zeitung einen Bericht über den Einbruch im Geschäft ihres Bruders las. „Du wirst doch nicht hinter dieser Sache stecken", hielt sie dem Vater vor. „Ach was", entgegnete dieser, „und wenn es so wäre, an dem, was der Sohn erwirbt, hat auch der Vater ein Recht". Die Antwort beunruhigte die Tochter.

Als der Vater sie seit mehreren Tagen verlassen hatte, kam ein Polizeibeamter zu der Tochter. Er fragte sie, wer der Besucher in ihrer Wohnung gewesen sei, was er getan und gesprochen und ob er viel Geld besessen habe. Sie benannte den Vater als den Besucher, behauptete aber bewußt der Wahrheit zuwider, daß er keine Geldmittel gehabt und daß sie ihm noch einige Mark zur Wegzehrung gegeben habe. Hierbei dachte sie folgendes: „Meinen Vater will ich nicht ins Zuchthaus bringen. Und wenn er das Geld gestohlen hat und behält und wieder einige Monate lang so wie früher frei leben kann, ist es mir auch recht. Er ist eben ein schwacher Mensch."

Verfolgt der Staatsanwalt den Armenhäusler, der seinen Sohn bestohlen hat, den Gehilfen bei der Tat oder die Tochter? Auf welche rechtlichen Erwägungen stützt er die Erhebung der Klage oder die Einstellung des Verfahrens?

### 68.

Ein Ostflüchtling bat einen praktischen Arzt um Ausstellung eines Zeugnisses des Inhalts, daß er an vorgeschrittener Tuberkulose leide. „Wozu wollen sie das Zeugnis?" fragte der Arzt. „Ich will es dem Flüchtlingskommissar vorlegen", antwortete der Mann, „damit ich samt Frau und zwei Kindern in dem Dorf, in dem ich schon seit mehr als einem Jahr wohne, bleiben kann und nicht in ein Flüchtlingslager gehen muß". Daraufhin stellte der von beruflichen Geschäften bedrängte Arzt das erbetene Zeugnis aus, ohne den angeblich kranken Mann zu untersuchen und obwohl dessen Aussehen keinen Anhalt für das Vorliegen der behaupteten Krankheit bot. Als der Flüchtling, der überhaupt nicht krank war, das Zeugnis erhalten hatte, reichte er es seiner ursprünglichen Absicht gemäß beim Ernährungsamt mit dem Antrag auf Bewilligung zusätzlicher Kräftigungsmittel ein. Das Ernährungsamt erteilte ihm eine Bescheinigung, die ihm auf längere Zeit zum Bezug von Milch und Butter berechtigte. Er bezog das Bewilligte.

Hat der Flüchtling oder der Arzt oder haben beide strafbar gehandelt? Welche Vorschriften hat der eine oder der andere verletzt?

### 69.

In einer Sommernacht brach in einem Dorf Feuer aus. Der Brand vernichtete sieben Gehöfte. Zwei Menschenleben fielen ihm zum Opfer. Brandstiftung war anzunehmen. Als die Ermittlungen vier Wochen lang keinen Erfolg hatten, versprach die Staatsanwaltschaft durch öffentliches Ausschreiben demjenigen eine Belohnung im Betrag von 600 RM, der die Entdeckung des Täters durch eine Anzeige ermögliche. Daraufhin zeigte die Hebamme des Dorfes, die in ihrem Beruf tüchtig, aber sonst wenig zuverlässig war, folgendes an: Sie sei in jener Nacht kurz vor Ausbruch des Brandes von dem Haus, in dem sie einer Kindbetterin beigestanden hatte, nach ihrer Wohnung gegangen; in der Nähe der Brandstätte habe sie den Knecht des Schwarzenbauern gesehen; der Knecht habe sich bei ihrem Herankommen in einen Winkel gedrückt, um sich zu verbergen; sie habe ihn bestimmt erkannt. Die Anzeige war zum letzten Teil unwahr. Denn die Bezeichnung des Mannes, den sie wahrgenommen hatte, beruhte nur auf einer unsicheren Vermutung. Die Hebamme war sich dessen bewußt. Nach Empfang der Anzeige wies der Staatsanwalt den Bürgermeister des Dorfes durch den

Fernsprecher an, jenen Knecht sofort festnehmen zu lassen; er — der Staatsanwalt — werde in spätestens einer Stunde zu weiteren Nachforschungen dorthin kommen.

Der Knecht des Schwarzenbauern hatte an diesem Tag von der Frühe ab auf dem Feld gearbeitet und sich, da es heiß war, bei der Arbeit reichlich mit Most gestärkt. Am Abend ging er, die Hacke über der Schulter tragend, wohlgemut heimwärts. Bevor er den Dorfrand erreichte, trat ihm der Polizeidiener des Dorfes mit den Worten entgegen: „Jakob, ich muß dich festnehmen wegen des Brandes.“ „Du bist wohl verrückt“, antwortete der Knecht. Der Polizeidiener griff nach ihm. Der Knecht stieß den Beamten mit der Hacke zurück. Ein Bauer mischte sich auf der Seite des Polizeidieners ein. Der Knecht wurde überwältigt und aufs Rathaus geschafft. Während der Beförderung strengte er sich aufs äußerste an, seine Widersacher abzuschütteln. Auch stieß er unflätige Schimpfworte aus.

Eine halbe Stunde später traf der Staatsanwalt mit einem Kriminalassistenten im Dorf ein. Er verhörte die Hebamme und den Knecht. Jene beharrte auf ihrem Vorbringen und beteuerte, daß nicht der mindeste Zweifel an der Zuverlässigkeit ihrer Wahrnehmung obwalte. Der unbeholfene, durch Trunk und Zorn erregte Knecht verteidigte sich ungeschickt. Er verwickelte sich in Widersprüche über seinen Aufenthalt in der Brandnacht. Der Staatsanwalt nahm ihn deshalb mit Hilfe des Kriminalassistenten in seinem Kraftwagen mit in die Kreisstadt, erwirkte einen Haftbefehl des Amtsrichters und beantragte Eröffnung der Voruntersuchung. Diese ergab, daß der Knecht an der Brandstiftung nicht beteiligt war. Der Haftbefehl wurde aufgehoben, nachdem der Knecht vier Wochen lang unschuldig Untersuchungshaft erlitten hatte.

Welche strafrechtlich bedeutsamen Vorgänge sind, abgesehen von der Brandstiftung, aus dem geschilderten Sachverhalt zu entnehmen?

## 70.

Ein öffentlicher Pfandleiher nahm ein gebrauchtes Fahrrad als Pfand für ein Darlehen im Betrag von 85 RM. Er vereinbarte mit dem Darlehensempfänger, daß das Darlehen nach Umfluß von drei Monaten zurückzuerstatten sei. Sechs Wochen nach dem Abschluß des Vertrags wurde das eigene Fahrrad des Pfandleihers unbrauchbar. Er übergab es sofort einem Fahrradhändler zur Ausbesserung. Diese verzögerte sich. Da ein Fahrrad für den Betrieb seines Geschäfts unentbehrlich war, gebrauchte der Pfandleiher von da an das ihm verpfändete Rad. Bald darauf las er in einem polizeilichen Fahndungsschreiben, daß dieses Rad gestohlen war. Daraufhin änderte er die am Rad angebrachte Fabriknummer von 14213 auf 14243 ab. Dann verkaufte er das Rad noch vor dem Eintritt der Fälligkeit seiner Darlehensforderung freihändig zum Preis von 470 RM. Der Erwerber war gutgläubig.

Welchen Vorschriften hat der öffentliche Pfandleiher schuldhaft zuwidergehandelt?

## B. Rechtsfragen

1.

Einfluß von Ort und Zeit, Eigenschaft oder Verhältnis des Täters darauf, ob deutsches Strafrecht und welches deutsche Strafrecht anzuwenden sei.

2.

Strafe als Vergeltung, Maßregel als Vorbeugung, überhaupt und insbesondere im Kampf gegen Gewohnheitsverbrecher.

3.

Einziehung und Unbrauchbarmachung als Vergeltung oder Vorbeugung.

4.

Begriff der Handlung, wie er sich vornehmlich aus den §§ 42 b und 330 a StGB. ergibt.

5.

Auf eng verbindender Gemeinschaft beruhende Rechtspflicht, ein drohendes Übel abzuwenden.

6.

Strafbarkeit des Versuchs bei Taten, die eine besondere Eigenschaft oder ein besonderes Verhältnis des Täters voraussetzen.

7.

Freiwillige Abkehr vom versuchten Verbrechen am tauglichen und am untauglichen Gegenstand, mit tauglichen und mit untauglichen Mitteln.

8.

Wirkung eines Zwiespalts in Vorstellung und Wille bei Beteiligung mehrerer an einer Tat.

9.

Sinn und Wirkung des § 50 Abs. 1 StGB. auf die für Teilnahme und Notstand maßgebenden Grundsätze.

10.

Notwendige Beteiligung überhaupt und insbesondere bei Blutschande sowie bei Bestechlichkeit und Bestechung.

11.

Strafbarkeit und Strafe der versuchten Teilnahme.

12.

Berechtigte Abwehr eines nicht strafbaren Angriffs.

13.

Straflosigkeit des Unentschlossenen, Strafbarkeit des Zweifelnden.

14.

Not, die Unrecht ausschließt oder mindert.

15.

Not, die Schuld ausschließt oder mindert.

16.

Irrtum, der Schuld ausschließt oder mindert, insbesondere Verantwortlichkeit des Irrenden für seinen Irrtum.

17.

Straflose Vortat, straflose Nachtat.

18.

Strafbares Handeln in Vertretung eines anderen.

19.

Verbindung mehrerer strafbarer Handlungen zu einer Einheit nach allgemeiner Lebensauffassung oder vermöge des durch Fortsetzung begründeten Zusammenhangs.

20.

Betäubung als Gewalt im Sinn der §§ 52, 114, 177 und 249 StGB.

21.

Erfordernis rechtmäßiger Ausübung des Amts in den §§ 113 und 117 StGB.

22.

Strafbare Handlungen, die von oder mit oder an einem Gefangenen begangen werden.

23.

Der befriedete Besitz und der abgeschlossene oder umschlossene Raum im Sinn der §§ 123, 124 und 243 StGB.

24.

Die geheimen und die staatsfeindlichen Verbindungen.

25.

Erdichtete, entstellte, unwahre oder falsche Tatsachen im Sinn der §§ 131, 186, 187 und 263 StGB.

26.

Tatbestände der Amtsanmaßung nach § 132 StGB.

27.

Schutz des amtlichen Zeichens und der amtlichen Herrschaft in den §§ 133, 136 und 137 StGB.

28.

Verhältnis des Verstrickungsbruchs nach § 137 StGB. zur Vollstreckungsvereitelung nach § 288 StGB.

29.

Eigenart der Nichtanzeige eines drohenden Verbrechens nach § 139 StGB. als Unterlassungsvergehen und Sonderverbrechen.

30.

Zusammentreffen von Flucht bei Verkehrsunfall nach § 139a StGB. mit Versäumung der Hilfe bei Unglücksfall nach § 330c StGB.

31.

Vortäuschen einer Straftat nach § 145d StGB. im Verhältnis zur falschen Verdächtigung nach § 164 StGB.

32.

Strafbarkeit und Strafe der falschen uneidlichen Aussage vor Gericht nach den früher und nach den jetzt gültigen Vorschriften des StGB.

33.

Geschichte des Verbrechens des Meineids.

34.

Tatsächliche Möglichkeiten eines fahrlässigen Falscheids nach § 163 StGB.

35.

Unterdrückung des Personenstands nach § 169 StGB. durch die uneheliche Mutter.

36.

Wirkung der Änderung des § 174 StGB. durch die Strafangleichungs-Verordnung vom 29. Mai 1943.

37.

Innere Erfordernisse der Strafschärfung nach den §§ 178, 224, 226 und 251 StGB.

38.

Begriff der Gewohnheitsmäßigkeit und des Eigennutzes in den §§ 180, 181a, 260, 292, 293, 302d und 302e StGB.

39.

Bedeutung der Erweislichkeit im § 186 StGB. Anwendungsgebiete des § 192 StGB.

40.

Unterschiede in den Tatbeständen und in den Rechtsfolgen der vorsätzlichen Tötung nach den früher und nach den jetzt gültigen Vorschriften des StGB.

41.

Schwangerschaftsunterbrechung, die nicht in den Tatbestand des § 218 StGB. einzuordnen oder nicht rechtswidrig ist.

42.

Gründe, die Körperverletzung mit einer schwereren als der im § 223 StGB. bestimmten Strafe zu ahnden.

43.

Erfordernis der Rechtswidrigkeit nach den §§ 240 und 253 StGB.

44.

Begriffe des Behältnisses und des falschen Schlüssels im § 243 StGB.

45.

Vermutungstatbestand des § 245a StGB.

46.

Begünstigung und Hehlerei am Ersatzgegenstand.

47.

Betrug im Rechtsstreit und bei der Beförderung durch ein Verkehrsmittel.

48.

Gemeinsamer Rechtsgedanke des Mißbrauchs- und des Treubruchtatbestands im § 266 StGB.

49.

Abschrift als Urkunde im Sinn des § 267 StGB.

50.

Mittelbare Falschbeurkundung nach § 271 StGB. im Verhältnis zur Falschbeurkundung im Amt nach § 348 Abs. 1 StGB.

51.

Begriffe des Leichtsinns, der Unerfahrenheit und der Notlage in den §§ 301, 302, 302a und 302e StGB.

52.

Voraussetzungen und Rechtsfolgen der tätigen Reue nach § 310 StGB.

53.

Strafrechtlicher Begriff der gemeinen Gefahr oder Not im § 315 Abs. 3 StGB., im früheren § 329 StGB., der durch den inzwischen aufgehobenen § 92a StGB. ersetzt wurde, und im § 330c StGB.

54.

Strafbarkeitsbedingung beim strafbaren Rausch nach § 330a StGB.

55.

Amtsverbrechen bei der Strafverfolgung nach den §§ 344 und 346 StGB.

56.

Unrichtige Auszüge, Abschlüsse oder Belege und falsche Zeichen im Sinn des § 351 StGB.

57.

Strafrechtlicher Begriff des Beamten nach § 359 StGB.

58.

Diebstahl und Unterschlagung, die nach § 370 Nr. 5 StGB. nur als Übertretung bestraft werden.

59.

Voraussetzungen der strafrechtlichen Verantwortlichkeit eines Jugendlichen.

60.

Strafrechtliche Verantwortlichkeit eines noch nicht vierzehn Jahre alten Menschen.

61.

Vorrang der Erziehungsmaßregeln vor Strafe und Zuchtmitteln bei Verfehlungen Jugendlicher.

62.

Voraussetzung der Verhängung von Jugendgefängnis. Dauer der Strafe.

63.

Zweck, Arten, Dauer und Vollzug des Jugendarrests.

64.

Einheitliche Erwiderung auf mehrere von einem Jugendlichen begangene strafbare Handlungen.

65.

Gegen einen Jugendlichen zulässige Nebenstrafen und Nebenfolgen.

66.

Zulässigkeit der im StGB. vorgesehenen sichernden Maßregeln gegenüber einem Jugendlichen.

67.

Jugendliche Schwerverbrecher.

68.

Betrügerischer Bankrott nach § 239 KO.

69.

Einfacher Bankrott nach § 240 KO.

70.

Gläubigerbegünstigung und Schuldnerbegünstigung nach den §§ 241 und 242 KO.

Kolibri 360 GmbH
Ferdinand-Jühlke-Straße 7
99095 Erfurt, Deutschland
produktsicherheit@kolibri360.de